한국의 교양을 읽는다

3

문 화 편

한국의 교양을 읽는다

3
___
문
화
편

이
상
준
지
음

휴머니스트

오늘 우리에게
한국적 교양은 무엇인가?

《세계의 교양을 읽는다》가 프랑스의 바칼로레아를 통해 교양을 읽고자 했던 시도였다면,《한국의 교양을 읽는다》는 한국의 '바칼로레아'를 통해 '한국의 교양'을 읽고자 하는 시도이다. 그러나 한국의 '바칼로레아', 즉 한국 대학의 '논술 문제'에서 한국의 교양을 읽을 수 있을지를 고민하기에 앞서 '한국적 교양은 있는가?', 즉 우리 모두가 합의할 수 있는 가치가 있는지, 있다면 그것이 무엇인지, 그것을 어떻게 찾아야 할지 고민스러웠다.

이런 고민에도 불구하고 한국적 교양의 단서를 '대학 논술 문제'에서 찾아보려고 한 이유는 대학이 그 시대와 사회에서 진보적인 곳이며, 현실에 뿌리를 두고 과거의 해석을 통해서 미래 지향적 표준을 제시하는 곳이라는 믿음 때문이다. 교양을 다른 말로 하면 '무엇을 묻고, 어떻게 답하는가?'이다. 즉 물음의 내용과 답변의 방식에서 우리는 시대와 그 사회의 가치를 읽을 수 있고, 표준을 감지할 수 있다고 믿었다. 그래서 논술 기출 문제를 분석하여 오늘 이 시점에서 시대와 사회가 우리에게 던지고 있는 질문을 가려 뽑고 그 물음에 답해 보려 노력했다.

책을 만들고 나서 우리는 '과연 한국적 교양이란 무엇이고, 한국적 교양은 있는가?'라는 질문 앞에 다시 놓였다. 오천 년이 넘는 유구한 역사 위에서, 동아시아 한 편에서 세계 속의 한국인으로 살아가기 위해서, 인류 보편적 가치관을 지닌 "남을 이해하고 마음이 풍요로운" 교양인으로 거듭나기 위해서, 나아가 모두가 행복해지는 그런 지구촌을 만들기 위해서, 오늘 우리가 추구해야 할 한국적 교양은 무엇인가?

많은 질문을 하고 수많은 답안을 작성하는 연습을 통해 성장했다는 《세계의 교양을 읽는다》를 엮은 최영주 교수의 경험에 비추어 한국의 젊은이들이 이 책을 읽은 후 "이 질문들을 모르고 그냥 지나쳤더라면 나의 삶은 완전히 다른 모습이었을 것"이라고 생각할 수 있다면 다행이겠다. 부끄럽지만 용기 있게도 감히 '한국의 교양'이라는 제목을 단 책을 내놓으면서 독자들이 한국의 교양을 읽고 나름대로 수많은 답안을 작성해 보길 바란다. 나아가 그 수많은 답안들이 모두가 공유할 수 있는 한국의 교양을 만들어 가는 데 작지만 소중한 밑거름이 되길 또한 기대한다.

기획위원 – 강호영, 김보일, 우한기, 이상준

문화의 시대에
문화를 말하는 것의 어려움

1

1980년대가 이른바 '정치의 시대'였다면, 1990년대 이후의 한국 사회는 가히 '문화의 시대'라고 불러도 좋을 만큼 다양한 이론들이 소개되고 또 창조되고 있다. 브레히트(B. Brecht)의 서사극이 정치적 이유 때문에 국내에서 상연되지 못하고, U2의 유명한 'Joshua Tree' 앨범 중 일부 곡들이 금지곡으로 지정되어 삭제된 채로 판매되던 시절과 비교하면 격세지감을 느낄 일이다. 한동안 후일담 문학이 득세하던 한국의 문학계도 질적 다양성이 느껴질 만큼 풍부한 작품 생산의 시기에 돌입하였으며, 1980년대에 고작해야 성인 영화의 붐이나 일으키고 말았던 영화 산업 또한 세계 영화의 흐름을 좌지우지할 만한 중요한 세력으로 성장하였다. 클래식 음악계에서도 윤이상의 뒤를 이어서 진은숙과 같은 세계적으로 인정받는

일러두기

■ 〈세계의 교양을 읽는다〉 시리즈가 프랑스의 대입 자격 시험인 '바칼로레아'를 통해 세계의 교양을 읽고자 하는 문제 의식이 있었다면, 〈한국의 교양을 읽는다〉 2, 3, 4, 5권은 '21세기에 세계를 살아갈 한국인의 눈으로 한국의 교양을 읽는다.'라는 문제 의식을 가지고 한국적 교양의 담론을 담아내기 위해 1990년대 중후반부터 우리나라의 각 대학에서 실시된 논술 기출 문제를 기초 자료로 삼았다.

■ 우리나라의 논술 문제는 여러 가지 제시문을 이해한 후에 제시된 두세 가지의 제시문을 연결하여 자신의 의견을 서술하는 형식으로 출제되고 있다. 앞으로의 논술 문제는 '통합 교과적' 성격을 띠게 될 것이나 제시문의 독해(이해)를 전제로 자신의 생각을 서술하는 기본 형식을 여전히 유지할 것이다. 기출 문제는 각 논제 뒷부분에 있는 '기출문제 둘러보기'에서 확인할 수 있다.

■ 논제는 시대의 흐름을 반영할 수밖에 없다. 따라서 네 명의 기획위원과 편집자가 모여 1990년대 중후반 이후부터 최근까지의 각 대학 논술 기출 문제를 분석하고, 그 중에서 세계 속의 한국인으로서 살아갈 우리가 지금 가져야 할 교양을 대표할 수 있는 논제를 고르고, 그것을 다시 네 분야—과학, 문화, 사회, 인문—로 나누었다. 그리고 필자의 관심 영역과 전문 분야를 고려하여 한 분야씩 맡아 집필하였다.

■ 논제에 대한 답변은 각 분야의 필자가 비교적 모범 답안을 작성하기 위해 노력하였으나 구성과 편집에 있어 저자의 주관이 개입되었다.

■ 지면의 한계 상 많은 논제를 다룰 수 없으므로, 대표 논제와 연관하여 더 생각해 볼 논제나 논제와 연관한 배경 지식 등을 '더 생각해 봅시다'라는 코너로 두었다.

01 _____ 가장

한국적인 것이

가장

세계적인가?

전통은 아무리 더러운 전통이라도 좋다 나는 광화문

네거리에서 시구문의 진창을 연상하고 인환네

처갓집 옆의 지금은 매립한 개울에서 아낙네들이

양잿물 솥에 불을 지피며 빨래하던 시절을 생각하고

이 우울한 시대를 패러다이스처럼 생각한다

버드 비숍여사를 안 뒤부터는 썩어빠진 대한민국이

괴롭지 않다 오히려 황송하다 역사는 아무리

더러운 역사라도 좋다

진창은 아무리 더러운 진창이라도 좋다

나에게 놋주발보다도 더 쨍쨍 울리는 추억이

있는 한 인간은 영원하고 사랑도 그렇다

김수영, 〈거대한 뿌리〉 중에서

에 따라 전통은 언젠가는 사라져야 하지만 아직은 살아남아 있는 불필요한 유산 정도로 여겨질 뿐이었다.

그러나 문학계 일각에서는 김수영의 문제의식에 공감하면서 우리의 전통과 역사를 재조명하기 위한 운동이 일어나게 되었고, 이를 논리적으로 체계화한 것이 이른바 '민족 문학론'이다. 민족 문학론은 우리 민족이 처한 분단 체제라는 상황이 세계적으로도 찾아보기 힘든 특이한 상황이라는 것. 따라서 막연히 서양식 모더니즘과 같은 문학 기법의 수용으로는 모방 이상의 문학적 성취를 달성할 수 없으며, 우리 민족의 특수성을 제대로 살리는 문학 작품을 생산하는 것이 오히려 세계적인 문학에 다가서는 길이라는 논리구조를 취하고 있다. 이러한 민족 문학론의 논리는 문학적 차원을 넘어서서 경제 개발과 근대화라는 국가적 기획을 추진하고 있던 군사 정권의 논리와 정면으로 대치되는 것이었다. 로스토(W. W. Rostow)의 경제 발전 5단계설에 입각하여 일직선적인 경제 발전만이 후진국적 상황을 벗어나는 유일한 노선이라는 주장을 펴고 있던 군사 정권의 논리에 대항하여 민족 문학론은 서양식 가치관의 무조건적 수용과 일상생활의 획일적 합리화가 절대로 대안이 될 수 없음을 주장했다.

당시 계간 문학지《창작과 비평》의 주간을 맡고 있었던 백낙청은 리얼리즘이라는 방법론에 입각한 민족 문학론이야말로 우리의 문화와 문학을 세계적인 문학으로 도약시키는 지름길이라는 주장을 전개하였다. 이러한 주장을 일종의 슬로건으로 정착시킨 것이 오늘날 흔히 사용되고 있는 '가장 한국적인 것이 가장 세계적이다.' 혹은 '가장 민족적인 것이 가장 세계적이다.'라는 구호이다. 사실 백낙청의 초기 관심은 '리얼리즘 대 모더니즘'이라는 문학적 논쟁의 장 속에서 리얼리즘적 방법의 우월성을 주장하려는 데 있었다. 그러나 이러한 논의는 자연스레 국가 개발 프로젝트나 전통적 가치와 문화에 대한 평가에 있어서 근대화론자들과 치열한 대립점을 형성할 수밖에 없었다. 이후 민족 문학론은 우리 문학 운동을 핵심적으로 주도하게 되며, '민족 문학 작가 회의'와 같은 단체의 이름에서도 알 수 있듯이 한국 문학을 대표하는 구심점의 역할을 맡게 된다.

'세계'라는 꽃밭

'세계'라는 꽃밭이 있다고 가정하자. 수많은 꽃들이 각자 자신의 아름다움을 뽐내며 정원을 아름답게 꾸미고 있다. 그런데 장미꽃이 가장 인기가 높다고 해서 다른 종류의 꽃들을 모두 장미꽃으로 바꾸어 버린다면 어떻게 될까? 물론, 장미꽃을 좋아하는 사람들에게는 상관이 없겠지만 다양한 꽃들을 보러 오기 위해서 꽃밭을 찾은 사람들은 분명 실망할 것이다. 결국 다양한 꽃들이 피어 있어야 할 세계라는 꽃밭은 장미라는 단일 품종을 재배하는 농원으로 변하고 말 것이다. 세계라는 꽃밭의 다양성을 보존하기 위해서는 장미꽃은 장미꽃 나름대로, 패랭이꽃은 패랭이꽃 나름대로, 며느리밥풀꽃은 며느리밥풀꽃 나름대로 존재해야만 한다. 이것이 이른바 목마름으로'는 프랑스의 시인 엘뤼아르의 시를 변용하여 한국의 억압적 현실과 이에 저항하는 민중들의 저항 정신을 상징적으로 표현하였다. 하지만 김지하는 저항적 민족주의의 단계를 넘어서 불행히도 배타적 민족주의를 공공연하게 주장하게 된다. 배일호의 신토불이와 같은 해에 발간된《김지하의 사상기행 2》라는 책에서 70년대의 저항 시인은 다음과 같은 주장을 펴고 있다.

우리 민족은 사명과 과제를 가진 민족입니다. 뛰어난 전통, 영적인 전통을 가졌으면서 오랜 고난 속에서 수난만 받아온 고난의 민족입니다. 한 문명의 쇠퇴기에는 반드시 인류의 새로운 생의 원형을 제시하는 민족이 나타나는데, 그 민족을 성배의 민족이라고 합니다. 로마가 지중해 세계를 지배할 당시에는 이스라엘 민족이었습니다. 지금은 한민족입니다.

물론, 시인의 말처럼 우리 민족이 고난의 민족일 수는 있다. 그러나 우리 민족이 수난만 받아 왔다는 표현은 지나치게 자의적인 해석이다. 우리 민족이 수난을 받아온 것은 사실이지만 우리 민족만이 수난을 받아온 것은 아니며, 시인이 말하듯 우리 민족이 수난만 받아온 민족인 것은 더더욱 아니다. 게다가 이러한 자의적인 해석을 바탕으로 우리 민족이 사명과 과제를 가진 민족이며 성배의 민족이라고 주장하는 것은 노골적 민족주의의 또 다른 표현이라고 할 수 있다. 억압과 해방을 위한 보편적 인간성의 표현이었던 민족이라는 개념이 이제는 철저한 자기중심적 논리의 근거지가 되어서 타자를 무시하는 선민 사상(選民思想)과 배타성을 드러내는 지표로 변모한 것이다.

절대적 상대주의와 배타적 민족주의

사실, '가장 한국적인 것이 가장 세계적이다.'라는 구호에는 논리적인 모순이 있다. '한국적인 것'이 무엇인가에 대해서 정의하는 일도 어렵지만, 설령 '한국적인 것'에 대한 공감대가 형성되었다고 하더라도 그것이 왜 가장 세계적인지를 설명할 길이 없다. 게다가 위와 같은 논리는 '가장 일본적인 것이 가장 세계적이다.'라는 구호나 '가장 독일적인 것이 가장 세계적인 것이다.'라는 구호와 그 어떠한 차별성도 가지지 못한다. 최소한 논리적인 관점에서 보자면 독일의 나치즘이나 일본의 대동아 공영권과 같은 폭력적 사상도 동일한 구조에 입각해 있었다고 볼 수 있다. 독일 민족만이 가장 세계적인 민족이기 때문에 그들은 유태인을 비롯한 타 민족에 대한 탄압을 스스럼없이 자행할 수 있었다. 오로지 일본 민족만이 개화된 민족이기 때문에 대동아 공영권의 단결을, 다시 말해서 가장 세계적인 일본 혼을 따를 것을 조금의 머뭇거림도 없이 강요할 수 있었던 것이다. 게다가 위와 같은 논리는 절대적 상대주의의 함정을 피하기도 어렵다. 만약 '가장 한국적인 것이 가장 세계적'이라면 '가장 에스키모적인 것도 가장 세계적'이며 '가장 아마존적인 것도 가장 세계적'인 것이다.

다음 제시문에서 기 소르망은 현재 전개되고 있는 세계화의 물결을 무엇이라고 보고 있으며, 그리고 앞으로 전개되어야 할 바람직한 세계화 방향은 무엇이라고 생각하고 있는지에 대해 논술하시오.

제시문   베를린 장벽이 붕괴되자 많은 정치 해설가 들은 모든 이데올로기적인 장벽이 사라지고 맥몽드(McMonde : 매킨토시와 맥도널드의 머리 부분을 따서 만들어진 프랑스 어와 영어의 합성어로서, 기 소르망은 미국 중심의 세계화를 가리키는 말로 사용함)로의 전세계적인 통합이 진행될 것으로 예상했다. 그러나 예측과는 달리 하나의 세계로의 통합보다는 민족 국가 중심의 세계 질서가 형성되고 있다. 뉴욕은 세계의 다양한 인종들을 거의 동시에 접할 수 있는 곳으로서 세계화의 단면을 관찰할 수 있는 곳이다. 이곳에서는 미국인들과 함께 있다가 이탈리아 인들을 만나고, 푸에르토리코 인들과 헤어져 한국 사람들을 만나러 갈 수 있다. 맥몽드의 수도는 우리의 미래 모습일까? 서구의 모든 대도시들은 뉴욕에서 미래의 모습을 본다. 맥몽드로 이주해온 이민자들은 자신의 문화를 타 문화와 융합시키는 대신 개별적으로 유지해 나간다. 이렇게 해서 각 국가의 문화, 맥몽드의 코스모폴리탄적인 문화, 그리고 수입된 민족 문화들이 공존한다. 이러한 공존은 평화롭게 이루어질 수도 있고 그렇지 않을 수도 있다. 뉴욕의 경우 유대인과 흑인들 간의 갈등은 평화롭지 못한 공존의 예다. 우리에게는 미국화에 대한 두려움이 존재한다. 이탈리아 인 또는 독일인이 미국적 민주주의를 대신하거나 보완할 모델을 만들 거라고 기대하는 사람은 없다. 러

시아나 중국에게 그러한 것을 기대하는 사람도 없다. '아시아적 가치'라고 말해지는 이념은 실속이 없을 뿐 아니라 그것은 단지 중국화된 엘리트에게만 호소력이 있다. 한편 이슬람교주의자들의 이념은 이슬람교주의자 외의 사람들이 포괄되는 것을 원하지 않는다. 그리하여 이제는 언어와 경제적 힘이라는 커다란 이점을 갖고 세계화를 열망하는 프랑스 인들과 미국인들만이 남게 되었다. 드골주의의 탄생 이래, 미국이라는 거대한 골리앗에 대적할 수 있는 프랑스의 전략은 반론의 원칙이다. 미국 혼자만이 옳을 수는 없다. 우리에게 필요한 것은 미국에 대한 거부를 정당화할 프로젝트다. 그러나 그것은 종래의 프랑스식 모델이 아니다. 그러기에는 프랑스 모델도 너무 진부하다. 우리에게 필요한 것은 새로운 자유주의적 민주주의 안에서 각자의 개성을 포기하지 않고 세계에 뒤떨어지지 않는 새로운 삶의 방식이다. 오늘날 세계는 서구에서 비롯된 시장경제, 민주주의, 인권에 대한 수호 원리 등을 기본 원리로 받아들이고 있다. 그리고 미국은 자신의 이데올로기를 다른 민족들에게 끊임없이 정당화하고자 했으며, 다른 민족의 다양성을 무시함으로써 다른 민족 및 국가의 신뢰를 잃게 되었다. 그러나 프랑스는 타 문화들의 다양성을 중요시함으로써 문화적 차이에 보다 주의를 기울이는 듯이 보인다.

―기 소르망, 「열린 세계와 문명 창조」

심사정과 장승업

조선 후기에 진경산수(眞景山水, 우리나라에 실재하는 사생에 주력하는 화풍으로, 조선 후기 정선에 의해 형성)의 등장과 함께 한국 미술은 결정적인 전환점을 맞이하게 된다. 진경산수의 등장 이전까지 조선 시대의 미술을 지배하고 있었던 관념산수는 이제 강력한 도전자를 만나게 된 것이다. 물론 진경산수와 관념산수의 대립이 오늘날 우리가 생각하고 있는 것만큼 극단적인 것은 아니었다. 진경산수와 관념산수는 때로는 대립적으로 때로는 우호적으로 우리 미술을 살찌우고 있었다. 그러나 자주성에 대한 강조와 우리 것에 대한 집착은 조선 후기의 미술 운동 중에서도 진경산수만을 지나치게 두둔한 측면이 있다.

겸재(謙齋) 정선(鄭敾)이 진경산수의 대표적인 화가라면, 조선 후기의 관념산수를 대표하는 인물로는 현재(玄齋) 심사정(沈師正)과 오원(五園) 장승업(張承業)을 들 수 있다. 심사정은 진경산수 운동이 강력하게 벌어지고 있던 시대적 흐름 속에서도 관념산수만을 고집해서 그린 화가이다. 당시의 미술적 세계의 중심은 중국이었고, 따라서 관념산수는 가장 세계적인 화풍이었던 것이다. 겸재 정선이 묵법과 선법의 창의적인 결합을 통한 자주적인 진경산수의 화풍을 개척했다면, 심사정은 당시 가장 세계적인 미술적 경향이었던 관념산수를 대표하는 세계적인 화가였던 셈이다.

임권택 감독의 영화 〈취화선〉에는 진경산수를 그리지 않는다고 질책하는 스승의 물음에 오원 장승업이 대답하는 장면이 나온다. 장승업은 스승의 질문에 대해서 비참한 현실에 신음하고 있는 백성들에게 최소한 그림만이라도 선경(仙境)을 보여주는 것이 자신의 소임이라고 당당하게 밝힌다.

진경산수와 관념산수는 이념과 화풍의 근본적 차이에도 불구하고 우리 미술을 살찌우게 한 소중한 두 흐름이라고 할 수 있다. 진경산수가 가장 한국적인 측면을 강조했다면, 관념산수는 가장 세계적인 측면을 강조한, 우리 미술의 중요한 흐름인 것이다.

02

광고는

죽었는가?

역사는 인간들만이 소유한 것이 아니다.
강가에 있는 조약돌 하나,
길섶에 나부끼는 코스모스 꽃잎 속에서도
개별적인 역사가 숨어 있다.
하물며 상품이라는 자본주의의 황태자에게
역사가 없을 리 없다. 상품은 시장이라는
무대에서 교환이라는 형식을 통해 역사를
만들어 간다. 칼 마르크스가 〈자본론〉을
상품이라는 주인공의 오디세이로 구성한 것과
마찬가지로, 상품은 인간들과 더불어
자신들만의 독특한 역사를 만들어 간다.
상품은 물개들의 무리처럼 할렘을 구성하고
서열 1위의 자리를 차지하기 위한
치열한 투쟁의 역사를 창조한다.
그리고 어느 날 도저히 무너질 것처럼
보이지 않던 굳건한 상품의
권력 구조가 바뀔 때, 상품의 역사는
새로운 분기점을 맞이한다.

박카스와 비타 500의 광고 전쟁

사실, 인생을 살아가면서 서열 1위의 상품이 자리를 내주는 장면을 목격하는 것은 그다지 쉬운 일이 아니다. 그렇지만 인간이 아닌 물건들의 세계에서도 역사는 계속되고 있으며, 수많은 지각 변동의 움직임들이 소리 없이, 때로는 고막이 터질 정도로 시끄럽게 진행된다. 그리고 이러한 상품들의 전쟁 최선봉에 광고가 자리잡고 있다.

박카스라는, 그리스의 떠들썩한 주신의 이름을 차용한 상품이 있다. 이 상품이 자양강장제 분야에서 부동의 1위를 지켜 온 지 오래이다. 한국인들에게 박카스라는 기표는 디오니소스와 사튀로스, 그리고 사육제를 연상시키기보다는 자양강장제라는, 상당히 난해한 단어와의 결합력이 더 높다. 박카스는 한국의 근대화와 그 발전의 시기를 같이 하고 있으며, 유신 정권의 탄생과 몰락, 신군부의 등장과 민주화 운동이라는 복잡다단한 현대사의 궤적 속에서 단 한 번도 1위의 자리를 빼앗긴 적이 없는 부동의 강자였다. 아무도 박카스의 왕좌를 넘보려 하지 않았으며, 박카스 또한 자신들의 확고부동한 지위가 위험에 처하리라고는 추호도 의심하지 않았다. 그러나 밀레니엄이라는 부산한 소동을 뒤로 하고 새롭게 맞이한

21세기의 벽두에 한국 상품의 역사에 심상치 않은 조짐이 나타난다. 비타 500이라는 그다지 독특하지도 않은 이름을 가지고 있는 신상품의 등장으로 인해 박카스의 권좌가 위협을 받기 시작한 것이다. 하지만 박카스 또한 그동안 원비 D와 같은 쟁쟁한 경쟁자들의 도전을 물리치고 살아남아 1위의 자리를 지켜낸 전통의 강호다. 마침내 총성 없는 전쟁이 시작되었고, 박카스의 일방적인 승리를 예상한 사람들의 기대와는 달리 더 이상 박카스가 부동의 1위를 유지할 수 없다는 사실이 드러났다. 도대체 비타 500은 어떻게 해서 박카스라는 철옹성을 위기에 빠뜨릴 수 있었던 것일까?

박카스와 비타 500의 전쟁에 대한 수많은 논평에도 불구하고 비타 500의 우세에 광고가 결정적인 역할을 했다는 것을 부정하는 사람은 드물다. 그동안 박카스는 얼핏 공익 광고처럼 보이는 건전광고의 형식과 내용을 유지함으로써 '우리 사회의 윤리 의식을 지키는 사람들은 박카스를 마신다.'는 간접적인 메시지를 전달해 왔다. 박카스의 이러한 광고는 신세대와의 의사소통에 어려움을 겪었고, 신세대의 문화에 대해 약간의 거부감을 가지고 있었던 중년층들의 지지를 받았다. 젊은이들은 당연히 노인들에게 자리를 양보해야 하고, 비록 규모가 작은 중소기업에 취직했다고 하더라도 포부를 크게 가지고 도전 정신으로 충만해 있어야 한다. 그러나 중년층 이상이 박카스의 건전 광고에 말없는 지지를 보내고 있는 동안, 비타 500은 직접적으로 신세대층을 공략하기 시작했다. 대표적인 미남가수 '비'가 아름다운 젊은 여성들에게 둘러싸여 비타 500을 마시는 광고는 박카스식 광고의 윤리 의식을 정면으로 뒤집는 것이었

(가)는 현대인이 처한 상황을 보여 주고 있는 글이다. (가)에서 그 양상을 분석해 내고, (나)를 바탕으로 현대인이 처한 상황에서 야기되는 문제점을 극복할 수 있는 방안에 대하여 논술하시오.

제시문 (가)　지난 몇 십 년 사이에 고객의 위상에 상당한 변화가 생겼다. 소매상점에서는 찾아오는 고객을 개인적으로 친절하게 대했다. 고객은 중요한 사람으로 대접 받았고, 그의 일상까지도 상점의 주인과 함께 의논할 수 있었다. 물건을 사는 행위 그 자체에서 고객은 자기의 중요함과 품위를 느낄 수 있었다.

오늘날 백화점의 경우, 고객은 우선 거대한 건물과 수많은 점원들과 잔뜩 진열된 상품에 의해 압도된다. 이 모든 것에 비해 그는 자기가 얼마나 보잘 것 없는 존재인가를 느끼게 된다. 백화점의 입장에서 보면, 인간으로서의 그는 아무런 중요성을 갖고 있지 않으며, 단지 '한 사람'의 고객일 뿐이다. 백화점은 고객을 놓치지 않으려고 하지만, 그는 단지 추상적인 고객으로서 대접 받을 뿐이지 구체적인 고객으로서 중요시되지 않는다.

이런 상태는 현대의 광고 방법에도 잘 드러난다. 거대한 현대 광고는 상품의 효용성을 강조하여 합리적으로 소비자를 설득하기보다는 감성에 호소하거나 호기심을 자극한다. 즉 같은 일을 몇 번이고 반복하거나, 사교계의 부인과 유명한 권투 선수에게 특정 상표의 담배를 붙여 물게 함으로써 권위 있는 이미지를 생기게 한다든가, 아름다운 소녀의 성적인 자극을 내세워 비판력을 마비시키려고 한다든가, 어떤 셔츠나 비누를 삼으로써 뭔가 전 생애가 갑자기 변화하는 듯한 그런 공상을 자극하기도 한다.

제시문 (나) 누구든, 그 자체로서 온전한 섬은 아니다.

모든 인간은 대륙의 한 조각이며, 대양의 일부이다.

만일 흙덩이가 바닷물에 씻겨 내려가면 대륙이나 모래톱이 그만큼 작아지듯,

그대의 친구들이나 그대 자신의 영지가 그리 되어도 마찬가지다.

나는 인류 속에 포함되어 있기 때문에 어느 사람의 죽음도 나를 감소시킨다.

그러니 누구를 위하여 종[1]이 울리는지를 알고자 사람을 보내지 마라. 종은 그대를 위해 울리는 것이다.

---

1) 중세 유럽의 마을에서 사람이 죽었을 때, 그 사실을 알리고 죽은 사람을 애도하기 위하여 치던 조종(弔鐘)을 의미함.

퍼플 카우

《보랏빛 소가 온다(Purple Cow)》에서 이 책의 저자인 세스 고딘(Seth Godin)은, 차별화된 이미지와 디자인을 지녀야 현대의 무한 경쟁에서 살아남는 마케팅 해법이 될 수 있다고 말한다. 상품 소비 시대를 넘어 이미지를 소비하는 구매자들은, 보다 세련되고 예뻐서 갖고 싶을 정도로 눈에 확 들어오는 새로운 그 어떤 것에 매혹을 느끼게 된다는 것이다. 시골길을 차로 달릴 때 처음 몇 번은 소를 보고 좋아해도 이내 싫증을 내지만, 상상하지도 못했던 보랏빛 소가 출현한다면 고개를 돌리고, 신기한 그 소를 유심히 보게 된다.

디자인은 단순한 외관을 드러내는 것이 아니다. 이미지가 형성되고 그 이미지가 소비자들에게 중요한 기준으로 제시될 때, 이미지를 효과적으로 부각시킬 수 있는 광고는 새로운 의미를 획득할 수 있다. 사고의 전환을 가져 오는 디자인을 고안해 내고 그것을 극대화 할 수 있는 광고가 제작된다면, 그 제품이 기존의 성능과 큰 차별성을 지니지 못한다고 할지라도 소비자들에게 그것은 새로운 제품으로 인식될 수 있다.

바르트(R. G. Barthes)는 '외현'이라는 용어를 통해, 형태와 외관은 의미와 내용을 드러내는 기제라는 것을 설명하고 있다. 귀에 쏙

들어오는 광고 카피로 소비자의 마음을 잡으려 하는 것보다는 이미지를 효과적으로 노출시키는 광고를 하는 것이, 광고의 죽음이 회자되는 현대 사회에서 살아남는 길이 될 것이다.

03

락 (Rock) 은

반드시

저항을

의미하는가?

"…… 내게 그런 핑계 대지마.

입장 바꿔 생각을 해 봐.

지금 니가 나라면

넌 웃을 수 있니? ……"

사랑의 아픔을

역지사지(易地思之)라는 노랫말에 담아서

불렀던 김건모의 '핑계'는 레게 형식의

음악 중에서 가장 히트한 곡으로 평가된다.

볶은 머리와 흐느적거리는 몸동작으로

널리 알려진 레게는 자메이카를

대표하는 음악 장르이다.

레게는 1970년대 초반

밥 말리와 지미 클리프라는

두 명의 걸출한 아티스트를 통해서

미국에 소개되었으며

펑크와 뉴 웨이브라는

새로운 음악 형식과의 결합을 통해서

당당하게 주류 음악으로 자리를 잡았다.

내용과 형식의 문제

사실, 빌보드로 대표되는 서양(특히 미국)의 대중음악 장르에서 레게와 같은 제3세계의 음악이 각광을 받은 것은 대단히 이례적인 일이라 할 수 있다. 그리고 레게는 미국이라는 중간 경유지를 거쳐서 마침내 한국의 대중음악과 만나게 되고 '펑계'와 같은 대중적인 히트 곡을 남기게 되었다.

그러나 레게는 식민 지배와 흑백 갈등이라는 역사적 갈등을 겪은 자메이카의 민중들의 정서가 담겨 있는 저항적 음악 형식이다. 레게의 진출에 가장 결정적인 기여를 한 것으로 평가되는 밥 말리 (Bob Marley)의 노랫말 속에는 이러한 자메이카 민중의 현실과 고통이 직접적으로 표현되어 있다. 밥 말리의 대표적인 히트곡 '여자들이여 울지 말아요(No Woman No Cry)'에는 자메이카의 수도 킹스턴에서 일어난 학살의 장면과 농성과 투쟁, 그리고 배신자에 대한 아픈 기억이 고스란히 묻어 나온다. 또한 '해방가(Redemption Song)'의 노랫말 속에는 자메이카의 역사에 대한 짤막한 소개와 함께 자유와 평화에 대한 밥 말리의 소망이 잘 드러나 있다. 얼핏 듣기에 그저 즐겁고 유쾌하기만 할 것 같은 레게 음악의 리듬 속에는 이러한 자메이카의 역사적 아픔이 녹아들어 있는 것이다.

서구 음악에서 레게 음악을 수용할 당시만 하더라도 레게는 저항이라는 내용과 그다지 동떨어져서 존재하지는 않았다. 천재적인 기타리스트 에릭 클랩튼은 밥 말리의 '나는 보안관을 쏘았어요(I Shot the Sheriff)'를 그대로 리바이벌해서 크게 히트시켰으며, 영국의 대표적인 저항 밴드 클래쉬는 자신들의 펑크 음악 속에 레게 리듬을 공공연하게 차용하였다. 그러나 레게는 차츰 자메이카의 현실과 특수성이라는 내용을 벗어나서 단순하고 경쾌한 음악적 형식으로 대중들에게 수용되기 시작했다. 그리고 이러한 내용과 형식의 분리는 레게 음악이 보편적인 음악 장르로 나아가는 데 필연적인 과정이었다고도 이해할 수 있다.

　　모든 예술적 형식에는 그에 걸맞은 내용이 필연적으로 존재하기 마련이다. 하지만 이러한 내용과 형식의 결합 상태가 언제까지나 유지되는 것은 아니다. 레게 음악이 자메이카라는 현실을 떠나서 서구 음악이라는 새로운 맥락 속에 놓여지는 순간, 내용과 형식의 분리는 어느 정도 예정되어 있었다고 할 수 있다. 그리고 '핑계'라는 한국적 상황에 새롭게 놓이는 순간 레게의 음악 형식은 또다른 운명을 맞이하게 된다. 따라서 김건모의 '핑계'가 레게 음악의 저항 정신을 외면하고 오로지 형식적 측면만을 수용했다고 보는 견해는 부질없는 짓이다. 자메이카에는 자메이카 나름의 레게가 있고, 미국에는 미국 나름의 레게가 있다. 그리고 한국에는 한국 나름의 레게가 있는 것이다.

락과 저항 정신의 결합

돈 맥클레인의 '아메리칸 파이(American Pie)'의 노랫말에는 락의 발흥기였던 1950년대의 미국적 풍경에 대한 묘사가 나온다. 빨랫줄 위에 양말을 걸어 놓고 학교의 체육관에서 락 음악에 맞추어 댄스 파티를 즐겼던 시절에 대한 아름다운 기억. 사실, 미국의 50년대는 매카시즘(McCarthyism, 1950년대 초반 미국을 휩쓴 반공산주의 선풍)으로 대표되는 반(反)공산주의 운동과 엄격한 보수적 윤리관이 지배하던 시기였으며, 청년들은 이러한 억압적 사회 분위기 속에서 돈 맥클레인의 말처럼 오로지 락앤롤(Rock & Roll) 속에서만 해방감을 느낄 수 있었던 것이다. 따라서 락의 음악적 형식 자체가 저항적인 내용과 결합되어 있다고는 볼 수 없다. 새로운 음악 장르로 출현했던 락이 당시의 억압적 사회 분위기에 저항하고자 하는 청년들의 욕망과 맞물리면서 락이 저항의 대명사로 이해되기 시작한 것이다.

비틀즈와 롤링 스톤즈 등으로 대표되는 이른바 '영국의 침략(British Invasion)' 시기도 동일한 관점에서 이해될 수 있을 것이다. 한국의 서태지가 그랬던 것처럼 비틀즈 또한 60년대 미국 청소년들의 우상이었으며, 이들의 부모들은 공연장에 모여서 소리를 지르고 환호하는 이들의 새로운 문화를 이해하지 못했다. 새로운 문화가 기성의 문화에 수용되지 못하고 이해되지 못할 때, 문화는 자연스레 저항의 문화가 된다. 따라서 락 음악은 50년대의 태동기와 마찬가지로 60년대에도 여전히 저항의 형식으로 받아들여질 수밖에 없는 운명이었다. 초기의 비틀즈의 노랫말에서 특별히 사회 비판적인 내용을 찾아볼 수 없음에도 불구하고, '비틀즈 현상'은 사회적으로 청소년들의 저항으로 이해되기에는 충분한 기반을 갖추고 있었던 것이다.

더욱이 미국의 60년대 후반은 반전 운동과 히피(Hippie, 1966년 미국 샌프란시스코에서 청년층을 중심으로 시작된 탈사회적 행동을 하는 사람들), 그리고 우먼 리브 운동 등이 맞물린 사회적 윤리관의 대충돌기였다. 젊은이들은 기성 세대의 윤리관에 대해서 드러내 놓고 반감을 표시하고 있었으며 락 음악은 이러한 젊은 세대를 대표하는 음악 형식이었다.

1968년 개최된 우드스탁 페스티벌은 젊은 세대의 반항적 가치관이 총집결된 음악 축제였다. 비록 미국의 반전 가요는 밥 딜런과 존 바에즈와 같은 포크 음악의 뮤지션들로 대표되고 있었지만 우드스탁 페스티벌의 대표적인 음악 장르는 당연히 락이 차지하였다. 지미 헨드릭스는 비아냥거리는 듯한 기타 연주로 미국의 국가를 조롱하였으며, 마운틴 조 앤 피쉬는 공연장에서 공공연하게 'Fuck You'를 부르짖고 다녔다.

이러한 역사적 맥락 속에서 자연스레 락과 저항 정신의 결합이라는 등식이 성립되었다. 흑인의 블루스와 자메이카의 레게가 태생적 출발부터 내용과 형식의 결합을 이루고 있었던 것과는 반대로 락이라는 형식과 저항 정신이라는 내용의 결합은 시대의 흐름과 함께 점진적으로 이루어진 것으로 보인다.

한국의 락과 저항 정신

프랑스의 68혁명, 프라하의 봄, 미국의 반전 운동과 같은 60년대 후반의 전 세계적인 움직임은 락을 전 세계적인 저항 정신의 대명사로 만드는 기폭제가 되었다. 일반적으로 음악 장르의 새로운 수용 과정에서 부분적인 내용과 형식의 분리 작용을 경험하는 것과는 반대로 락은 음반 산업의 놀라운 성장과 전 세계적인 저항적 분위기라는 토양 속에서 내용과 형식의 분리를 크게 경험하지 않았다. 그러나 군사 정권이라는 지나치게 억압적인 사회 현실 속에 놓여 있던 한국은 이러한 세계사적 흐름에서 비켜서 있었으며 락 음악의 수용 과정 또한 대중적으로 이루어지지 않았다. '신중현과 엽전들'로 대표되는 선구적인 락 밴드의 등장에도 불구하고 한국의 락은 70년대에 이르러서도 포크 음악의 주변에서 맴돌고 있을 뿐이었다.

한대수와 김민기 등으로 대표되는 한국의 저항 가요는 그 음악적 뿌리를 가사 중심의 포크 음악에 기반하고 있었으며 경제 개발론에 입각한 군사 정권의 근대화론에 맞서 우리의 전통을 회복하자는 운동과 결합을 시도하였다. 이러한 노력은 김민기의 전통 리듬과 민요를 현실 비판적 가사와 결합시키고자 노력했던 시도에서 잘 찾아볼 수 있다. 결국 70년대의 음악 장르에서 저항이라는 내용을 선취한 것은 한국에서는 락이 아니라 포크 음악이었다. 통기타와 장발, 그리고 저항 정신은 70년대의 사회 문화적인 코드가 되었으며 이러한 음악 운동의 최전선에 락 음악 대신 포크 음악이 우뚝서 있었다.

이러한 경향은 신군부와 급속한 경제 발전이 동시적으로 진행되는 80년대에 들어서도 크게 달라지지 않았다. 산울림과 송골매를 비롯한 대학가요제 출신의 락 밴드들이 대중적인 인기를 끌고 있었지만, 이들의 음악과 저항 정신의 결합을 기대하는 것에는 한계가 있었다. 대학가를 중심으로 한 저항적인 노래들은 여전히 70년대의 포크 음악의 정서에서 벗어나지 못한 채, 변화하는 대중들의 음악적 욕망을 제대로 반영하지 못하고 있었다. 게다가 신군부의 탄압이 거세짐과 동시에 대학가의 저항 가요 또한 행진곡 풍의 전투적 리듬이 강조되고 있었으며, 노동 운동의 발전에 따른 노동자 대중의 정서에 기반한 뽕짝풍의 저항 가요가 새로운 음악 형식으로 만들어지는 정도에 그쳤다.

따라서 한국적 상황에서 락은 정치적 저항 운동과 직접적으로 결합하지는 못했다. 초기의 수용 과정에서 락은 오히려 퇴폐와 몰지각한 서구 문화의 산물로 비난 받을 정도였다. 그렇지만 7, 80년대의 청년들은 팝송이라는 이름 아래 서구의 락을 직접적으로 수용하였고 많은 영향을 받았다. 다방과 DJ 문화로 대표되는 당시의 문화적 코드에서 주류를 이루고 있었던 음악 장르는 단연 '락'이었으며 비틀즈, 퀸, 이글스, 심지어는 헤비 메탈 장르의 레드 제플린과 딥 퍼플같은 밴드들도 많은 인기를 끌었다. 80년대 중반 폭발적인 인기로 세상을 깜짝 놀라게 했던 락 밴드 '들국화'의 화려한 등장의 배경에는 이와 같은 락 음악에 대한 지속적인 대중적 수용과정이 있었던 것이다. 그러나 이러한 서구 락의 직접적 수용 과정은 영어 가사에 대한 이해도의 부족, 엘리트주의적 의식, 사회적으로 곱지 않은 시선 등과 맞물려서 사회적 차원의 저항으로 승화되지는 못하고 어디까지나 개인적 차원의 취향의 문제에 머무른 한계가 있었다.

서태지의 등장과 새로운 저항의 출현

6월 항쟁으로 대표되는 한국의 민주화 운동은 마침내 정치적 억압의 시기와 단절하고 점진적인 민주화의 길을 개척하였다. 사회의 곳곳에서 억눌려 왔던 대중들의 욕망이 폭발하였으며 이러한 요구는 음악 장르에 대한 새로운 수요와도 결합되어 있었다. 특히 소비 사회의 신진 세력으로 성장하고 있던 청소년들은 자신들의 문화적 욕망을 해결할 수 있는 새로운 음악을 원하고 있었다. 트로트 대 포크라는 일종의 음악적 전선을 형성하고 있던 앞선 세대와는 달리 청소년들은 자신들을 대변해 줄 새로운 음악을 요구하고 있었다. 하지만 저항 가요의 엄숙주의와 낡은 형식이 주는 답답함은 물론 저항의 상징으로 대변되는 락 음악마저도 이들의 의식과 정서를 담아내기에는 한계가 있었다. 이들은 무언가 새로운 것을 원하였고 그 새로운 음악 속에서 자신들의 저항을 담아내고자 하였다.

시대는 억압적인 정치가 끝나고 사회 경제적으로도 다양한 욕구가 분출하는 시기였다. 그러나 한국의 청소년들이 처한 현실에는 아무런 변화도 찾아오지 않았다. 그들은 여전히 학교라는 제도적 공간 속에서 억압받고 있었으며, 대학 입시라는 숨막히는 경쟁에서 오로지 살아남기만을 강요받고 있었다. 누군가 이들의 욕망을 대변하고 이들의 문화를 창조하고 이들의 저항을 조직할 필요가 있었다. 마침내 그 자리에 '서태지'라는 영웅이 등장하였다.

서태지는 트로트도 포크도 락도 아닌 랩과 힙합이라는 전혀 새로운 장르의 음악을 들고서 청소년들 앞에 나타났다. 중요한 것은 랩과 힙합이라는 음악 장르가 가지는 원천적인 저항성이 아니었다. 억압적 사회 구조에 저항하는 새로운 청소년들의 문화는 기존의 음악과는 전적으로 다른 것이어야만 했다. 전혀 다르다는 것, 기성세대의 음악적 취향과는 근본적으로 다르다는 것을 보여 주는 것 자체가 저항이었다.

서태지는 랩과 힙합이라는 새로운 음악적 장르를 무기로 이러한 청소년들의 욕망을 대변하였다. 멜로디를 잃어버리고 빠르게 지껄이는 듯한 랩의 소음에 대해서 기성세대는 노래도 아니라는 반응을 보였다. 이러한 기성세대의 보수적 반응과 몰이해는 청소년들을 더욱 새로운 문화에 열광하게 만드는 기폭제가 되었다. 기성세대가 유지하고자 하는 노래의 기준과 개념은 청소년들에게 철저히 배격되었다. 서태지의 데뷔곡인 '난 알아요'는 '기성세대 너희들은 모르지?'와 같은 문화적 차별성을 보여주는 상징적인 구호가 되었다.

서태지는 음악적 형식의 새로움과 함께 내용적 차원에서도 청소년들의 문제의식을 공격적인 가사에 직접적으로 담아냈다. 서태지는 '교실 이데아'와 'Come Back Home'과 같은 노래를 통해서 사회적으로 소외되고 발언권을 상실하였던 청소년들에게 새로운 의사소통의 채널을 만들어 주었다. 그리고 청소년들은 서태지의 랩과 노래를 따라 부르면서 자신들의 저항 의지를 공공연하게 표출하였다. 서태지의 등장은 한국의 대중문화사에 청소년 문화의 본격적인 시대가 도래하였음을 선포한 역사적인 사건임과 동시에 청소년들이 단순히 교육 받고 훈육되어야만 하는 수동적 대상이 아니라 사회적, 문화적 억압에 저항하는 당당한 주체임을 각인시켜 주었다.

저항 음악으로서의 락과 힙합

애당초 힙합(Hiphop)은 흑인들의 사회적 불만을 표출하기 위한 새로운 음악 형식으로 출발하였다. 하지만 그렇다고 해서 힙합이 반드시 저항의 음악인 것은 아니다. 모든 형식은 그 태생적 기원과 관련 없이 새로운 사회적, 문화적 맥락 속에서 변화를 겪는다. 따라서 서태지 현상이라 일컬어지는 한국 문화의 대변동의 원인을 힙합이라는 음악적 장르의 저항성에서 찾을 수는 없다. 그것은 락의 경우에도 마찬가지다.

흔히 락을 저항의 음악이라고 관습적으로 부르고 있지만 서양의 상황에서도 한국적 상황에서도 락이 반드시 저항의 음악이어야만 할 근거는 그 어디에도 없다. 음악적 행로의 출발을 락에서 시작했던 서태지가 랩과 힙합이라는 장르를 통해서 청소년들의 저항 정신을 대변했던 것도 이와 동일한 맥락이다.

한국의 대중음악사에서 락은 이상할 정도로 저항과는 거리가 멀었다. 가장 저항적인 사회 문화적 운동의 선봉에 있었던 음악 장르는 70년대의 포크와 90년대의 힙합이라고 할 수 있다. 재미있는 것은 이 두 가지 음악 장르의 유행이 서양에서의 유행 시기와 크게 다르지 않다는 것이다. 따라서 한국에서의 락이 저항 운동과 긴밀한 연계 관계를 갖지 못했던 이유는 장르 간 경쟁에서 포크와 힙합에 밀렸기 때문이라고 볼 수 있다. 서태지가 굳이 락을 들고 나오지 않았던 이유만큼이나 80년대의 저항 가요가 여전히 포크에 기반하고 있었던 이유는, 한국적 상황이라는 특수성 속에서 락의 효용성에 대한 미심쩍은 의심 때문이었을 것이다.

그러나 모든 음악적 장르 중에서 락이 여전히 저항의 음악으로 남아 있을 가능성 또한 높은 것이 사실이다. 그것은 락이 가진 순수한 음악적 속성 때문이 아니라 락 음악이 걸어온 역사적 발자취 때문이다. 섹스 피스톨즈로 대표되는 펑크(Punk) 음악의 탄생은 락의 상업화에 대한 반발이었으며 락의 저항 정신을 되살리고자 하는 운동의 일환이었다. 갑작스런 자살로 전 세계의 팬들에게 충격을 안겨 주었던 너바나(Nirvana)의 커트 코베인은 잃어버린 락의 순수성과 저항성을 되살리기 위한 얼터너티브 락 운동을 주도하였다. 이러한 저항 정신의 회복을 꾸준히 요구하고 있는 음악적 장르는 아마도 락이 유일할 것이다.

어쨌거나 락은 저항의 음악이라는 상징적 위치를 전 세계적으로

였던 트로트를 의도적으로 차용하였다. 그러나 이들이 트로트를 차용한 시기는 주로 90년대였고, 이미 트로트는 주류를 벗어나서 마이너리티의 영역으로 자리를 옮긴 지 오래였다. 서태지의 돌풍 이후 음악 채널은 청소년 소비자들의 눈치를 볼 수밖에 없었으며, 덕분에 구세대의 골동품처럼 여겨지고 있던 장르인 트로트는 서서히 방송 채널에서 사라지고 있었다.

어떤 의미에서 보자면 펑크는 이러한 트로트의 마이너리티적인 성격을 적극적으로 수용했다고 볼 수 있다. 음악적 소수자라는 기본적인 이념에 입각한 펑크 밴드들은 이제 트로트를 음악적 연대가 가능한 대상으로 이해하기 시작했던 것이다. 사실 남인수, 이미자, 남진, 나훈아 등으로 대표되는 트로트의 전성기만 하더라도 트로트에 대적할 만한 음악적 장르는 존재하지 않았다. 흔히 '전통가요'라는 이상한 우격다짐식 이름으로 부르기도 하는 한국의 트로트는 일제 시대 및 한국의 근대화 과정에서 대중의 욕망을 반영하고 대중의 욕망을 왜곡하기도 하는 핵심적인 음악적 지표였다. 그러나 이제 트로트는 카바레와 반짝이 의상 등을 연상시키는 일종의 키치적 코드로 인정될 뿐이다.

결국 한때는 주류의 위치에 있었지만 장르간, 세대간 경쟁에서 퇴출당한 트로트가 역설적인 의미에서 저항의 음악인 펑크와 결합하는 것은 음악적 형식이 고정되어 있지 않음을 의미한다. 판소리의 운명이 그러하듯 당분간 트로트가 다시금 주류의 자리를 되찾는 것은 요원한 일일 것이다. 그러나 펑크와 같은 저항의 형식과 결합하면서 트로트 또한 다양한 형식적 변형을 거칠 것이다. 그리고 그 속에서 또 다른 에너지원을 찾아서 언젠가는 마이너리티의 지위를 벗어날 지도 모를 일이다.

04 _____ 스포츠는

현대의

신화인가?

말 그대로 2002년은 신화(神話)의 시기였다.

아시아에서 최초로 열린

한·일 월드컵을 맞이하여

국민들은 거리로 거리로 몰려들었다.

시청앞 광장은 물론,

전광판이 있는 그 어느 곳에서도

대~한민국이라는 구호가 울려 퍼졌다.

멕시코 청소년 축구의 4강 신화에

그 기원을 두고 있는 붉은 악마라는

서포터즈의 이름은

이제 단순한 축구 응원단의

영역을 넘어서서 전 국민을

대표하는 이름이 되었다.

소설가 최인훈이 소설 '광장'에서,

밀실 문화와 광장 문화의

이분법을 구사한지 40여 년이

흐른 뒤에야 한국의 국민들은

광장으로 광장으로 몰려들기 시작했다.

있다. 할 수 없이 이성은 위장된 신화 앞에 무릎을 꿇는다. 거짓 신이여! 재앙에 빠진 이성을 구원하소서!

고대 그리스에는 할 일 없는 신들이 모여 살았다. 서로 시기하고 질투하는 놀음에 신물이 난 신들은 어느 날 새로운 놀이를 고안한다. 올림피아. 이제 질투와 시기의 장소는 신들의 신전에서 인간의 육체로 이동한다. 더 높이! 더 멀리! 더 빨리!

새로운 놀이는 오랜 시간 동안 역사 속에 잠복하고 있다가 마침내 이성의 간절한 부탁을 받고 화려한 스포트라이트를 받으며 복귀한다.

스포츠라고 불리우는 이 새로운 놀이는 근대 자본주의의 탄생과 함께 재등장하였다. 인간의 이성을 강화하기 위해서는 육체의 훈련이 필수적이었으며 '건강한 신체에 건강한 정신이 깃든다.'는 표어가 뜻하고 있는 것처럼 육체는 정신의 훈련을 위해 철저하게 재조직될 필요가 있었다. 그러나 육체는 이성과는 달리 신화의 정신이 깃든 곳이다. 위기에 빠진 이성을 구원하기 위해서 스포츠는 이제 이성의 노예 상태를 벗어나 스스로 신화가 되기로 결심한다.

4년마다 열리는 올림픽과 월드컵은 전 세계의 신화가 격돌하는 곳이다. 축구장과 야구장은 고대 로마의 검투 경기장처럼 인간의 공격성과 본능이 적나라하게 드러나고 또한 용서되는 곳이다. 움베르토 에코(Umberto Eco)가 말한 것처럼 이성적인 인간은 축구장에서 그다지 어울리는 사람이 아니다. 적어도 세련된 관중이라면 누구나 한두 마디쯤은 격한 욕설을 입에 담을 줄 알아야 하며 상대방 선수를 향해서 이유 없는 비난의 손짓을 하고 불합리한 심판의 판정에 대해서 신의 이름으로 저주를 퍼부을 줄 알아야 한다. 그리고 중요한 것은 이 모든 것이 용서 받는다는 것이다. 오로지 축구장이기 때문에.

에코는 클럽의 축구 경기장이 현대의 신전인 이유를 다음과 같은 짧은 논리를 들어서 설명한다.

오늘날 누군가 정치적인 목적을 위해서 어떤 장소를 점거한다고 할 때 단 한 곳만을 제외하고는 용납될 수 있다. 가톨릭의 성당이나 국회 의사당이 정치적인 목적 때문에 점거당한다고 하더라도 사람들은 크게 놀라지 않을 것이다. 그러나 만약 축구 경기가 벌어지기 직전의 경기장을 누군가 점거한다면 그들은 성난 관중의 폭동으로 인해서 살아남지 못할 것이다. 따라서 축구장은 신전이다. 아무도 이 장소를 축구 이외의 목적으로 사용해서는 안 된다. 성당이나 국회 의사당은 괜찮다. 하지만 축구장은 안 된다. 왜냐하면 축구장이기 때문에.

정치적인 너무나 정치적인

손기정이 베를린 올림픽에서 금메달을 따고도 웃음을 짓지 않았던 일은 한국인이라면 누구나 아는 이야기다. 그리고 이 베를린 올림픽이 나치의 선전 무대였다는 것도 알 만한 사람은 다 아는 이야기다. 제시 오웬즈는 미국의 달리기 대표 선수 자격으로 베를린 올림픽에 참가하였으며 가공할 만한 스피드로 5관왕에 올랐다. 하지만 나치의 수장인 히틀러는 이 위대한 육상 선수의 목에 금메달을 걸어 주지 않았다. 이유는 단 하나, 그가 흑인이었기 때문이다.

아리안 민족의 우월성을 주장했던 히틀러는, 유색 인종인 오웬즈가 수많은 백인 선수들을 제치고 1위로 골인하였다는 사실을 인정할 수 없었던 것이다. 많은 사람들이 올림픽은 참가하는 데 의의가 있다고 이야기한다. 그러나 그 말을 하는 사람까지 포함해서 더 많은 사람들은 올림픽이 참가하는 데만 의의가 있지 않다는 사실을 잘 알고 있다. 올림픽은 절대로 순수한 육체의 향연이 아니다. 올림픽은 정치적인 너무나 정치적인 행사이다.

태권도 종주국인 한국은 태권도 종목에서 출전 제한을 받는다. 왜냐하면 한국이 전 체급에서 금메달을 싹쓸이할 가능성이 높기 때문이다. 그렇게 해서 다른 나라의 사람들이 한국 대신 금메달을 딸 수 있다면 어쨌거나 좋은 일이다.

양궁은 무슨 이유에서인지 몰라도 경기 방식이 심심하면 바뀌는 종목이다. 애당초 기록 경기의 범주에 들어가야 할 양궁은 이제 토너먼트 방식으로 바뀌어서 진행된다. 따라서 예선 경기에서 세계 신기록을 기록한 선수도 다음 경기에서 곧바로 떨어질 수 있는 운명에 처한다. 스포츠가 단지 실력에 의존해서만 되는 것이 아니라는 사실, 그리고 공평하게 운의 도움을 받아야만 한다는 입장에서 보자면 이 또한 좋은 일이라고 할 수 있다.

수영은 육상에 이어서 가장 메달 수가 많기로 유명한 종목이다. 그리고 이상하게도 수영의 금메달은 대부분 백인들이 독식한다. 2004년 그리스 올림픽에서 50M 자유형 종목이 새롭게 신설되었다. 최소한 수영장을 한 바퀴 돌아와야만 했던 수영의 기본틀이 바뀌었다. 선수들은 턴 동작에 대한 부담을 털고 오로지 앞을 향해서 힘차게 나아가면 된다. 덕분에 관객들은 어떤 선수가 빠른지를 육안으로 식별하기가 어려워졌다. 세찬 물보라만이 일어나는 가운데 금, 은, 동메달의 주인공이 전자 기계의 도움을 받아서야 간신히 정해진다. 현대의 스포츠와 과학 기술의 접목을 고려한다면 이 또한 좋은 일이다.

2006년 열린 제1회 월드 베이스볼 대회에서 한국은 대단히 황당한 입장에 처하게 된다. 지역 예선과 본선 라운드에서 잇달아 승리한 바 있는 한국이 일본과 다시 붙어야 하는 어처구니없는 상황이 벌어진 것이다. 물론, 다시 이겼으면 상관이 없을 경기였지만 불행히도 일본에 패하고 말았고, 한국에 두 번이나 패한 바 있는 일본이 여세를 몰아서 우승 컵을 차지하게 되는 해프닝이 벌어졌다. 도대체 이러한 규칙은 누가 만들었는가? 아니 누구의 동의를 받아서 이러한 규칙이 만들어졌는가?

쇼트트랙의 김동성은 솔트레이크 동계 올림픽에서 라이벌인 안톤 오노보다 빨리 들어왔지만 심판 판정 결과 금메달을 박탈당하는 쓰라린 경험을 맛봐야 했다. 화가 난 김동성이 들고 있던 태극기를 아이스링크에 내던지면서 불필요한 국기 논쟁까지 일으켰던 이 사건은 도대체 심판이 무엇을 하는 사람인가에 대한 깊은 철학적 성찰을 필요로 하게 만들었다. 누구나 알고 있는 사실을 굳이 번복해야만 하는 심판의 임무는 무엇인가? 그리고 그 심판에게 그러한 권력을 부여한 사람들은 누구인가?

흔히 스포츠와 정치의 상관 관계를 이야기하면서 중립적이어야 할 스포츠가 가지는 정치적 도구화의 측면을 우려한다. 그러나 이 것은 지극히 일면적인 발상이다. 문제는 스포츠와 정치의 결탁이 아니라 스포츠 안에 숨어 있는 정치의 문제다. 아무도 경기의 규칙이 절대적으로 공정할 수 있다고는 생각하지 않는다. 그럼에도 불구하도 규칙은 반드시 지켜져야 한다고 믿는다. 아무도 심판의 판단이 전적으로 옳다고 생각하지는 않는다. 그렇지만 심판의 판단은 존중되어야만 한다고 말한다. (다만 자기가 응원하는 팀이 부당한 판정을 당했을 경우는 다르다. 이 경우에 심판은 자신의 팀이 행한 모든 잘못과 책임을 덮어씌울 수 있는 거룩한 희생양의 위치로 변신한다. 그는 성난 관중들의 입 속에서 육신이 몇 천 번이나 찢어지는 고통을 당하고 평생을 들어도 모자랄 만큼 영혼의 상처를 받는다.) 그 누구도 스포츠가 절대로 중립적이지 않다는 사실을 알고 있다. 그러면서도 스포츠는 중립적이어야 한다고 굳게 믿는다. 이럴 때 스포츠는 신화가 된다.

성난 관중의 정치학

축구를 너무 좋아하는 철학자인 움베르토 에코는 진정한 바르셀

로나 팬과 진정한 레알 마드리드 팬과의 만남을 비유적으로 설명한 바 있다.

둘은 열심히 대화를 한다. 한쪽에서는 바르셀로나가 이길 수밖에 없는 이유에 대해서 열심히 이야기하고 또다른 쪽에서는 그럼에도 불구하고 레알 마드리드가 이길 수밖에 없는 이유를 나름대로의 논리적 근거를 들어서 주장한다. 불꽃 튀는 둘의 주장 끝에 남는 결론은 무엇인가? 결론은 바르셀로나가 반드시 이기거나 아니면 레알 마드리드가 반드시 이긴다는 것이다.

이러한 커뮤니케이션의 상황이라면 독일의 철학자인 하버마스(J. Habermas)가 말한 의사소통의 합리성에는 아무 것도 기대할 것이 없어 보인다.

무대를 메이저 리그로 옮긴다고 하더라도 상황은 마찬가지다. 아마도 뉴욕 양키스의 팬과 보스톤 레드삭스의 팬은 평생 동안 입씨름을 할 것이다. 그렇지만 그 둘은 대화를 시작하기 전과 조금도 달라지지 않는다. 결론은 언제나 양키스가 반드시 이기거나 레드삭스가 반드시 이긴다는 사실로 미리 정해져 있다. 그렇다면 경기가 끝난 후에 이 진정한 팬들이 다시 만난다면 어떻게 될까? 승부에 관계없이 결론 또한 언제나 마찬가지다. 이긴 팀은 반드시 이겨야만 했지만 진 팀 또한 분명히 이길 수 있는 기회가 있었는데도 아쉽게 지고 만 것이다. 다음 번에 만난다면 이긴 팀은 또다시 이길 것이고 진 팀 또한 반드시 이길 것이다.

략, 그리고 침략에 대한 보복으로 크고 작은 전쟁이 그칠 사이가 없어서 많은 생명과 재물을 희생하고도 좋은 일이 오는 것이 아니라 인심의 불안과 도덕의 타락은 갈수록 더하니, 이래 가지고는 전쟁이 그칠 날이 없어 인류는 마침내 멸망하고 말 것이다.

〈중략〉

내가 원하는 우리 민족의 사업은 결코 세계를 무력으로 정복하거나 경제력으로 지배하려는 것이 아니다. 오직 사랑의 문화, 평화의 문화로 우리 스스로 잘 살고 인류 전체가 의좋게 즐겁게 살도록 하는 일을 하자는 것이다. 어느 민족도 일찍 그러한 일을 한 이가 없었으니 그것은 공상이라고 하지 말라. 일찍 아무도 한 자가 없길래 우리가 하자는 것이다. 이 큰 일은 하늘이 우리를 위하여 남겨 놓으신 것임을 깨달을 때에 우리 민족은 비로소 제 길을 찾고 제 일을 알아본 것이다.

근육질형 인간과 꽃미남형 인간

여자들은 다이어트를 하고 남자들은 헬스클럽을 다닌다. 여자들은 가급적 근육을 줄이고자 하고, 남자들은 가급적 근육을 늘리고자 한다. 얼핏 전혀 다르게 보이는 여성과 남성의 이 두 가지 행동 방식의 차이는 사실상 육체의 길들이기라는 측면에서도 동일한 것이다. 여성들은 남성적 시선이 요구하는 바대로 자신의 육체를 길들이고자 한다. 남성 또한 근육질형 몸매의 조작을 통해서 시대가 요구하는 남성상에 부응하고자 한다. 아직도 여성은 갸날픔이 미적 상징으로 인정되고 있고, 언제부터인가 남성은 강인함을 요구받고 있다. 육체는 이제 신체의 영역을 떠나서 이미지의 영역으로 올라간다.

과거에 고된 일을 하는 인간형으로 치부되었던 근육질형 인간은 스포츠 스타들의 부상과 함께 남성이 갖추어야 할 필수적인 이미지로 변화되었다. 게다가 축구 선수 안정환의 사례에서 보듯이 바람직한 남성상은 꽃미남 같은 부드러운 외모에 강인한 체력을 겸비할수록 더 좋은 것으로 평가된다. 하지만 이 모든 것들은 육체의 상품화, 육체의 이미지화라는 측면에서 동일한 것이다.

대중 매체의 발달과 함께 스포츠 또한 참여하는 스포츠에서 보는 스포츠로 변화한 것처럼, 육체의 이미지 또한 보여지는 육체의 아름다움을 강요받고 있는 것이다. 오늘날 건강에 대한 담론은 여성과 남성을 가릴 것 없이 운동의 중요성을 주장하고 있다. 그러나 일견 당연한 듯 보이는 이러한 주장의 이면에는, 자신의 육체마저도 사회적 시선의 압력과 육체적 이미지의 상품화에 시달리는 현대인들의 고통이 숨어 있는 것이다.

05 _____ 웃음의

사회적 기능은

무엇인가?

갈수록 웃음이 늘고 있다.
'개그 콘서트'나
'웃음을 찾는 사람들'과 같은
프로그램은 코미디 프로그램이니까
그럴 수밖에 없다고 하지만,
시트콤(sitcom)의 연출자들도
시청자들을 웃기기 위해서
혈안이 되어 있고,
각종 토크 쇼나
버라이어티 쇼의 출연자들도
자신의 몸값을 올리기 위해서
시청자들을 웃기기 위한
전쟁에 한몫 거들고 있다.
어디 그뿐이랴,
이왕이면 유머가 있는 사람에 대한
사회적 평가가 후하고,
건강의 비결은 잘 웃는 것이라는
의학 서적들도 속속 등장하고 있다.

웃으면 복이 와요

사진을 찍을 때는 반드시 위스키나 김치를 떠올리게 하는 미소를 지어야 하고, 공개 토론에서 사뭇 진지한 자세로 임하는 정치인들보다는 청중을 잘 웃기는 정치인들의 인기가 더 높다. 죽어라고 기를 쓰고 일만 해도 모자랄 것 같은 이 살벌한 무한 경쟁의 시대에 어쩐 일인지 기업들은 너도나도 유머(humor) 경영이나 펀(fun) 경영과 같은 웃음과 관련된 경영 방침을 내걸고 있다. 그러니까 웃어야 한다. 웃음의 시대에서 살아남기 위해서 웃어야 한다. 웃긴 일이 없어도 웃어야 하고, 웃긴 일이 있어도 웃어야 한다. 예로부터 '소문만복래(笑門萬福來)'라고, '웃으면 복이 와요'라는 위대한 선현들의 말씀도 있지 않았던가.

광주 비엔날레에 출전한 바 있던 중국의 현대 미술가 위에 민쥔(Yue Min Jun)의 그림 속 주인공들은 모두 이유 없이 웃고 있는 사람들이다. 그들은 뒷짐을 진 채로도 웃고, 연설을 들으면서도 웃고, 연설을 하는 정치가 역시 이들을 가리키며 배꼽이 터져라 웃고, 머리에 뿔이 난 사람들도 웃고, 헬리콥터와 폭격기가 날아다니는 배경 앞에서도 웃고, 사회주의의 승리를 선동하는 건설 현장에서도 웃고, 웃다가 지쳐서 쓰러지면서도 웃고, 또 웃는 사람을 짓밟고 넘어가면서도 그저 웃기만 하고 있다. 모두들 입이 찢어져라 웃기만 하다 보니 이들의 표정 역시 한결같을 수밖에 없다. 도대체 이들은 무엇이 그리 좋아서 정신없이 웃기만 하는 것일까? 세계적으로 가장 인정받는 중국 화가의 반열에 올라선 위에 민쥔이긴 하지만 그가 바라보는 오늘날의 중국 현실은 그다지 유쾌하지만은 않은 것으로 보인다.

중국은 현재 사회주의적 정치 체제와 자본주의적 경제 시스템의 접목을 통해서 사회주의의 수호와 경제 발전이라는 두 마리 토끼를 잡으려고 하고 있다. 그러나 사회주의적 정치 체제는 문화 대혁명이나 천안문 사태와 같은 아픈 역사를 가지고 있다. 자본주의적 경제 시스템 역시 장밋빛 미래를 약속하고 있기는 하지만 불평등의 심화와 물질주의적 가치관의 확대라는 심각한 사회 문제를 낳을 것이 분명하다. 그럼에도 불구하고 사람들은 웃고 있다. 이미 과거사를 잊어버린 것인지 혹은 미래에 대한 지나친 낙관주의 때문에 이성적인 기능을 모두 상실해 버렸는지는 몰라도, 그들은 그저 웃기만 하고 있을 뿐이다. 그렇다고 나무랄 수만도 없지 않은가? 저렇듯 사람 좋게 웃기만 하고 있는데······.

웃음과 연민의 차이

웃음에는 아무런 악의도 숨겨져 있지 않은 단순 명랑한 농담부터 비판적인 풍자와 조롱에 이르기까지 실로 다양한 종류가 존재

수는 없을 것이다. 웃자, 열심히 웃자, 하지만 그 웃음을 탄생시킨 현실과의 낯선 거리를 유지하면서 웃자.

2004 연세대 정시 인문 │

다음 제시문은 웃음의 유발과 관계된 것이다. 각각의 경우 웃게 되는 이유와 그 의미를 분석하고, 적절한 예를 통해 그와 같은 웃음의 사회적 기능을 논술하시오.

제시문 (가)　소크라테스 : 근사하군. 또 하나 문제를 내지. (…) 증인이 없어 불리할 때는 어떻게 상대의 고소를 걷어치우지?

스트레프시아데스 : 식은 죽 먹기죠.

소크라테스 : 말해 봐.

스트레프시아데스 : 이렇게 하는 거예요. 내가 불려가기 전, 다른 재판을 하고 있는 사이에 달려가서 목을 매지요.

소크라테스 : 바보 같은 소리.

스트레프시아데스 : 천만에. 그게 아녜요. 내가 죽으면 아무도 기소하지 못 한다 이겁니다.

소크라테스 : 잠꼬대 같은 소리. 꺼져! 이제 가르치는 것도 진저리난다!

—아리스토파네스,《구름》

제시문 (나)　가르가멜이 어린애를 낳게 된 상황과 방식은 다음과 같다. 만일 여러분이 그것을 믿지 않는다면, 항문이 빠져버릴 일이다. (…) 선량한 그랑구지에는 이것을 너무 즐긴 나머지 모든 음식마다 한 국자 가득 청했다. 그러면서 출산을 앞둔 아내에게는 이 모든 내장 요리가 그다지 권할 만하지 못한 만큼, 조금만 먹으라고 했다. "똥자루를 먹는다는 건, 그만큼 똥을 먹고 싶다는 거지"라고 그는 말했다. 그런 충고에도 불구하고 그녀는 열여

섯 가마 두 말 여섯 되를 먹었다. 오, 그 얼마나 사랑스런 배설물이 그녀 몸 안에서 부풀어 오르고 있었던가!

—라블레, 《팡타그뤼엘의 아버지인 위대한
가르강튀아의 소름끼치는 이야기》

제시문 (다) 어느 날 저녁, 한 남자가 누군가 대문을 두드리는 듯한 희미한 소리를 들었다. 문을 열었지만 사람은 보이지 않고, 바닥에 달팽이 한 마리만 꼬물거리고 있었다. 그는 아무렇지 않게 녀석을 집어서는 정원의 잔디밭 저편으로 멀리 던져 버렸다. 일 년 후, 그는 대문 두드리는 소리를 다시 듣게 되었다. 문을 열자, 이번에도 사람은 없고 달팽이 한 마리만이 바닥에 붙은 채 이렇게 씩씩대고 있었다.

"이봐요, 좀 아까 왜 그런 거지? 제길, 이유나 알고 갑시다."

—T. 코헨, 《조크 : 조크에 대한 철학적 사고》

센티멘탈리즘

　세상에는 너무나 많은 눈물이 존재한다. 연인들의 운명적인 이별이 예고되어 있는 슬픈 드라마를 보면서, 혹은 불치병을 앓는 연인과의 만남에 애달파하는 신파조의 영화를 보면서, 사람들은 너무나 많은 눈물을 흘린다. 웃음이 일종의 거리두기를 통한 감정의 형식이라면, 눈물은 적극적은 감정 이입을 통해서 드러나는 공감의 형식이다. 그러나 대중문화와 문화 산업이 지배하고 있는 오늘날의 눈물은 진솔한 감정의 표출이 아닌 상업적 형식의 눈물로 전환된다.

　센티멘탈리즘이란 이러한 상업적 형식의 눈물을 의도하는 것이다. 그리고 너무나 많은 눈물들이 이러한 센티멘탈리즘의 재생산에 적극적으로 기여하고 있다. 관객들은 언제나 울 준비가 되어 있으며, 뻔한 스토리와 뻔한 만남과 뻔한 이별을 통해서 자신들의 눈물샘을 자극해 줄 것을 기대하고 있다. 눈물은 이제 존재의 근본을 뒤흔드는 깊은 공감의 표현이 아니라, 일시적인 동정과 위락과 오락의 표현 형식이 된다. 오늘날의 눈물은 존재의 밑바닥에 가라앉아서 자신의 삶과 세계의 비참에 대한 깊은 공감으로 작용하지 못하고 그저 울기 위해서, 울고 싶은데 울 거리를 찾지 못하는 사람들을 위한 일회용 오락으로 전락해 버린다.

센티멘탈리즘의 비호 아래 오늘날의 현대인들은 너무나 많은 눈물을 흘린다. 그러나 그 눈물은 단지 일시적인 것에 불과하다. 그런 의미에서 보자면 오늘날 진정한 눈물을 흘릴 줄 아는 사람들은 몇 명이나 될까? 너무나 많은, 너무나 흔해 빠진 감동의 홍수 속에서 이제 사람들은 진정한 감동이 무엇인지도 잊은 채 살아가고 있는 것은 아닐까?

작가 중심주의와 작품 중심주의

중요한 것은 사실이 아니라 사실을 둘러싼 해석이라는 논리는 예술 비평에서 작가의 의도를 중심적 연구 주제로 상정하는 작가 중심주의와는 정반대의 입장에 선다. 호머의 〈일리아드〉와 〈오디세이〉는 세계적으로 널리 읽힌 텍스트라고 할 수 있다. 그러나 각각의 텍스트에 대한 해석은 국가와 민족, 그리고 시대에 따라서 천변만화(千變萬化)하고 있다.

작가 중심주의적 입장에서 보자면 당연히 호머의 창작 의도를 중시해야만 한다. 그러나 우리는 호머의 창작 의도를 정확히 파악할 능력도 없으며 또 그럴 필요도 없다. 사이렌의 노랫소리는 음악 예술에 대한 소중한 헌사로도, 감각적 쾌락이 주는 위험성에 대한 경고로도, 자신의 몸을 묶고서야 쾌락을 느낄 수 있는 마조히즘 (masochism)적 성향에 대한 고대적 비유로도 해석될 수 있다. 게다가 그 어떠한 해석도 유일무이한 해석이자 주석이라는 권위를 주장할 수는 없다. 단군신화를 곰 토템(totem)과 호랑이 토템 간의 대립과 투쟁으로 해석할 수도 있고, 페미니즘적 입장에서 인내와 끈기를 보여 주는 한국의 여성상에 대한 신화적 메타포(metaphor, 隱喩)로도 해석할 수 있다.

작가 중심주의의 입장에서는 어디까지나 작가의 의도가 중요한 만큼 작가의 전기와 시대적 배경 등이 작품을 이해하는 핵심적인 열쇠가 된다. 이상(李箱)의 문학 작품을 이해하기 위해서는 본명이 김해경이며, 보성고 시절, 미술에도 재능을 발휘한 적이 있으며,

도스토예프스키의 문학에 많은 영향을 받았다는 사실이 중요하다. 그가 일본으로 건너가서 죽기 직전에 남긴 최후의 말이 '수박이 먹고 싶다.'인지 혹은 '멜론이 먹고 싶다.'인지마저도 작가 중심주의적 입장에서는 작품을 이해하는 중요한 단서가 된다. 그러나 작가 중심주의는 작가의 의도만을 지나치게 중시한 나머지 독자의 자유로운 해석을 철저하게 제한된 영역에 한정시키고 있다. 예술 작품을 창조하는 천재적인 작가라는 낭만주의적 관념에 직접적인 영향을 받고 있는 작가 중심주의는 작품 해석에 있어서 작가의 절대적인 권위를 내세운다. 따라서 독자는 어디까지나 작가의 의도에 입각해서 작품을 읽어야만 하는 수동적인 존재로 전락해 버린다.

이러한 작가 중심주의의 권위적인 비평 태도를 극복하기 위한 일환으로 등장한 것이 소위 신비평 혹은 작품 중심주의이다. 예술 작품은 오로지 예술 작품으로만 말한다는 구호 아래 등장한 신비평은 예술 작품의 해석에서 작가의 전기적 요소나 시대적 배경 등을 철저하게 배제하고 작품 자체에만 집중할 것을 요구한다. 중요한 것은 작가의 의도가 아니라 작품 자체에 담겨져 있는 의미라는 점에서, 작품 중심주의는 작가 중심주의보다는 진일보한 태도를 보이고 있다. 작가의 의도와 예술 작품은 다를 수 있다. 따라서 비평이 주목해야 할 지점은 애매모호한 작가의 의도가 아니라 현실적으로 명백하게 주어져 있는 예술 작품에 한정해야 한다는 것이 신비평 측의 주장이다.

그러나 이러한 신비평의 작품 중심주의적인 태도는 예술 작품의 의미가 작품 속에 존재하고 있음을 가정하고 있다는 점에서 한계를 보이고 있다. 9.11 테러를 둘러싼 상반되는 해석의 사례에서 보았듯이, 의미는 사건 속에 있는 것이 아니라 사건의 바깥에서 존재한다. 그 어떤 상황에 놓이더라도 유일무이한 해석이 가능한 작품은 존재하지 않는다. 오히려 모든 예술 작품은 작품 자체가 아니라 작품이 놓여 있는 상황과 맥락에 따라서 전혀 다른 의미를 생산한다. 그리고 이러한 의미를 생산하는 주인공은 작가의 의도나 작품 그 자체가 아니라 작품을 읽고 해석하는 독자인 것이다.

정격 음악의 등장과 글렌 굴드의 파격 연주

20세기 후반 고전 음악계에서 원전 악기 연주 혹은 정격 음악이라고 부르는 새로운 움직임이 등장하였다. 이들은 예술 작품에서 중요한 것은 어디까지나 작가의 의도라고 주장했다. 따라서 음악 연주도 오늘날의 개량된 현대 악기가 아니라 작곡가가 살고 있던 그 시대의 악기로 연주하는 것만이 작곡가의 의도를 충실히 재현하는 길이라는 태도를 보였다. 예를 들자면 바흐의 음악은 애당초 '하프시코드'라는 악기의 연주를 전제로 작곡되었기 때문에 피아노로 연주하는 것은 바흐의 작곡 의도를 완전히 배반하는 것이 된다. 동일한 의미에서 비발디의 사계도 당시의 악기와 연주 기법에 입각해서 연주해야만 하며 모차르트의 교향곡 또한 모차르트가 살던 시대의 악단 편성 기준에 맞추어야만 한다. 가히 절대적 복고주의라고 불러도 좋을 만큼 과격한 이들의 주장은 초기에는 제도권에서는 크게 받아들여지지 않았으나 점차 대중의 지지를 받으면서 고전 음악계의 주요한 흐름으로 정착되기에 이르렀다.

　작품 자체의 진위 여부에 대한 논란은 있지만 대부분의 음악 작품은 악보라는 텍스트를 통해서 작곡가의 의도를 철저하게 관철시키고자 한다. 작곡가는 음표 이외에도 악보 위에 연주 기법에 대한 주석을 달아 놓음으로써 연주자의 지나친 자의적 해석을 제한하고 있다. 하지만 동일한 음악 작품도 지휘자와 연주자에 따라서 전혀 다른 작품으로 다가오는 것이 사실이다. 베토벤의 합창 교향곡을 똑같은 베를린 필 하모닉 악단이 연주한다고 하더라도, 푸르트벵글러가 지휘하느냐 카라얀이 지휘하느냐에 따라서 작품의 느낌은 달라진다. 크라이슬러의 바이올린 소품인 〈사랑의 아픔〉과 같은 아주 짧은 작품마저도 정경화의 연주와 아이작 스턴의 연주는 상당히 다른 느낌을 준다. 어떤 의미에서 음악 작품의 지휘자나 연주자는 문학 작품의 번역자와 유사한 역할을 한다고도 할 수 있다. 게다가 음악 작품은 문학이나 미술처럼 완성된 작품이 직접 독자에게 제공되는 것이 아니라 악보라는 불충분한 상태로 연주자에게 1차적으로 제공되기 때문에 연주자의 가공 정도에 따라 작곡가의 의도를 제대로 살리지 못할 가능성 또한 충분하다. 따라서 정격 음악은 이러한 연주자의 음악적 해석의 자유에 맞서 작곡가의 의도에 충실할 것을 요구한다. 그들은 원전 악기라는 매체를 통하여 작곡가의 의도에 충실하고자 하며 작곡가가 살았던 시대의 연주법을 통해 당대의 분위기를 되살리기 위해서 노력한다.

　정격 음악의 이러한 작가 중심주의적 입장의 대척점(對蹠點)에

2006 이화여대 수시1 모의논술(공통) |

(가)의 독서에 대한 관점에서 (나)의 주장을 비판하시오. (400자 내외)

_____

제시문 (가) 독서에 있어서 내가 누구의 작품을 읽는가 하는 것이 중요하다. 예술성이 없는 값싼 소설을 읽는 것은 백일몽에 지나지 않는다. 그것은 생산적인 반응을 가져 올 수 없다. 즉 텍스트는 텔레비전 쇼처럼, 아니면 우적우적 먹는 감자튀김처럼 삼켜질 뿐이다. 그러나 예를 들어 발자크의 소설은 내적 참여와 함께, 생산적으로, 다시 말하여 '존재 양식'으로 읽혀질 수 있다. 그러나 아마도 대부분의 일상적인 독서 시간은 소비의 양식, 다시 말하여 '소유 양식'으로 읽는 것으로 허송되고 있다. 독자들은 호기심에만 의존하여 주인공이 죽었는가 살았는가, 여주인공이 유혹당했는가 저항했는가 등의 줄거리에 관심을 가지며 그 결과를 알고 싶어 한다. 즉 행복한 또는 불행한 결말을 통하여 그들의 경험은 완결되는 것이다. 그들이 결말을 알았을 때 그들은 마치 자신의 경험에서 그 결말을 찾아 낸 것처럼 현실적으로 전체 스토리를 소유하는 것이다. 그러나 그들은 자신의 지식을 고양시키지 못한다. 즉, 그들은 소설 속의 인물을 이해하지 못하며, 따라서 인간성에 대한 자신의 통찰력을 심화시키지 못할 뿐 아니라 지식조차도 얻지 못하는 것이다. 하지만 '존재 양식'을 가진 독자는 다르다. 그들은 일반적으로 높은 평가를 받고 있는 책들에 대해서 전혀 그 가치를 인정하지 않거나, 극히 제한된 가치만을 부여할 수도 있다. 또는 그들은 작가가 중요하다고 쓴 모든 사실에 대해 때로는 작가보다도 더 완전하게 그 책을 이해할지도 모른다.

제시문 (나) 사람의 마음을 파괴하는 것 중에 소설이 그 으뜸이니 자제들에게 보지 못하게 해야 한다. 한 번 소설에 맛을 들이면 빠져드는 사람이 많기 때문이다. 소설에는 세 가지 미혹된 것이 있다. 헛것을 내세우고 빈 것을 억지로 맞추려 하고 귀신을 말하고 꿈을 말했으니, 지은 사람이 첫 번째 미혹한 것이다. 허황된 것을 감싸고 천한 것을 고취시켰으니 논평한 사람이 두 번째 미혹된 것이다. 귀중한 시간을 허비하고 경전을 등한시했으니, 탐독하는 사람이 세 번째 미혹된 것이다. 어렸을 때 나는 십여 종의 소설을 보았는데, 모두 한결같이 남녀의 정을 말한 것이거나 여항에서 사용되는 국문으로 되어 있었다. 가끔은 눈을 기쁘게도 하였지만 이런 일을 안 뒤에는 증오하는 마음이 점점 더해지다가 문득 재미가 없어졌다. 이때부터 이러한 글은 보지 않게 되었다.

다원성

중요한 것은 사실이 아니라 사실을 둘러싼 해석이라는 사고는 절대 진리의 존재에 대한 생각에 변화를 낳게 되었다. 중심과 로고스(logos, 하나님의 말씀, 또는 언어를 매체로 하여 표현되는 이성)의 상실은, 다양한 생각을 수렴하고 받아들이게 하는 다원성이 뿌리 내리게 되는 근간이 되었다. 포스트모더니즘과 다원주의는, 중심을 해체하고 여러 가지의 가능한 지평을 열어 놓아, 옳은 것과 틀린 것을 구분하는 이분법적 판단 기준에서 해방되는 결과를 낳았다.

텍스트를 해석함에 있어 저자가 의도하는 바를 일방적으로 탐구하고 찾아가는 것은, 권위적인 의사소통의 형태를 지닌 시대상을 그대로 반영하는 것이다. 또한 경전이 중심에 놓이고 경직된 형태로 의미를 받아들일 때 새로운 해석과 생각을 덧붙인다는 것은, 원텍스트의 의미를 훼손하는 반역 행위가 되는 것이다.

독자의 탄생은, 닫혀 있는 텍스트가 아니라 열린 텍스트를 지향한다는 점에서, 쌍방향적인 의사소통에 대한 대중들의 요구가 반영되어 있다. 그러나 다양한 독자의 해석은 모두 다 동일한 발언권을 갖게 되는 걸까? 미셸 푸코(Michel Paul Foucault)가 지적하고 있듯이, 담론과 해석은 가장 권력적인 근원에 서 있다는 한계를 극복하기 어려울 것이다. 그러나 만약 그렇다면 헤게모니를 장악하는 '해석'의 지배를 받는 결과를 낳게 되는 것은 아닐까?

결국 독자의 탄생은 지배적 해석을 비판적으로 볼 수 있고, 능동적으로 사고하는 개인의 의식과 역량이 보다 더 확보되고 증진될 때 긍정적인 결과를 낳게 될 것이 분명하다.

07

한류는

얼마나

지속될 수

있는가?

경기도 가평군과 강원도의 춘천시 사이에 있는
남이섬은 한때는 대학생들의 MT 장소로
널리 알려진 곳이었다. 그러나 세월이 흐르면서
차츰 남이섬을 찾는 관광객의 수가 줄어들기
시작했다. 그러자 작은 유원지를 표방하고 있던
남이섬의 놀이 시설들은 녹슬어 버렸으며,
차츰 사람들의 활기를 찾아보기 어려운
쇠락한 관광지로 변모하였다.
과거의 추억을 그리워하며 남이섬을 찾았던
관광객들 또한 실망감을 감추지 못하고
남이섬에서 발걸음을 돌리는 악순환이 반복되었다.
남이섬은 쇠락한 관광지의 전형적인 모습만을
보존하고 있었으며, 오로지 추억의 장소로서만
간신히 그 명맥을 이어 가고 있다. 서울에서
비교적 가까운 거리에 있는 육지 속의 아름다운 섬,
청년 남이 장군의 기개와 전설을
간직하고 있던 남이섬은 그렇게
사람들의 기억 속에서 잊혀져 가고 있었다.

남이섬의 재발견

그러던 어느 날, 이 조용하고 잊혀져 버린 관광지를 찾는 사람들이 폭발적으로 증가하기 시작했다. 경기도 가평군에 있는 선착장에는 이른 아침부터 늦은 저녁까지 남이섬을 오가는 사람들로 붐비기 시작했으며 선착장 주변의 주차장에는 이들을 실어 나르는 대형 관광버스들이 자리를 차지하고 있었다. 변변한 놀이 시설의 개보수가 있었던 것도 아니고 관광객을 유치하기 위한 새로운 마케팅 아이디어가 있었던 것도 아니다. 게다가 남이섬을 찾는 관광객들의 대부분은 한국인들이 아니었다. 일본의 중년 여성들이 압도적 다수를 차지하는 관광객들 속에는 대만의 가족 관광객, 멀리는 싱가포르의 단체 여행객들의 모습마저 찾아볼 수 있었다. 어떻게 이런 일이 벌어졌던 것일까? 서울 근교라는 유리한 입지 조건에도 불구하고 한국인들에게는 추억의 관광지로만 남아 있던 남이섬이 왜 갑자기 외국인들로 넘쳐나게 되었던 것일까? 어떻게 해서 남이섬은 인기 없는 국내 관광지에서 일약 한국을 대표하는 국제적인 관광지로 변모할 수 있었던 것일까?

욘사마와 지우히메의 등장

혁명은 조용히 시작되고 있었다. 일본의 공영 방송인 NHK의 위성 채널 BS가 '冬のソナタ(겨울연가)'라는 한국 드라마를 처음 방영할 때만 하더라도 아무도 혁명의 예감조차 느낄 수 없었다. 일부 중년 여성들의 열화 같은 반응은 있었지만 그것이 전 일본 사회를 강타하는 메가톤 급 태풍이 되리라고는 아무도 예상하지 못했다. 위성 채널의 시청률 치고는 비교적 높은 수치를 기록한 이 드라마에 대해서 NHK는 시청자들의 요구에 따라 재방영을 결정하였다. 그러나 이례적인 재방영을 결정한 NHK조차도 드라마 겨울연가와 남자 주인공 배용준이 가지고 있는 어마어마한 파괴력을 깨닫지 못하고 있었다. 위성 채널의 두 번째 방영이 무사히 끝났다. 별다른 소동이 일어난 것도 아니고 겨울연가의 시청률이 폭발적으로 증가한 것도 아니었다. 위성 채널이라는 한계상 시청률 상승 곡선은 완만한 경사를 오르고 있는 정도였다. 그러나 일본의 시청자들도 방송국의 관계자들도 무언가 엄청난 일이 벌어지고 있음을 깨닫기 시작했다. 주로 아줌마층을 중심으로 조용하지만 소란스럽게 움직이고 있었다. 겨울연가는 일부 매니아층의 지지를 넘어서 많은 사람들의 입에서 회자되기 시작했다. 술집에서, 친구들끼리의 모임에서, 회사의 휴게실에서 겨울연가에 대한 이야기들이 심심찮게 들리기 시작했다. 이제 겨울연가라는 이 가공할만한 드라마를 위성 채널이라는 좁은 영역에 가두어 놓을 수 없음이 명백해졌다. 일본의 공영 방송 NHK는 이미 두 번이나 방영한 바 있었던 한국의

드라마를 지상파 방송을 통해서 재방영하겠다는 중대한 결정을 발표하였다. 마침내 혁명이 시작된 것이다.

지상파 방송은 이른바 '욘사마 혁명'이 폭발하는 직접적인 계기가 되었다. 위성 채널 방영 시기와는 비교할 수 없을 정도의 폭발적인 시청률이 기록되었다. 겨울연가의 남자 주인공 배용준을 일본인들은 '욘사마'라는 이름으로 바꿔 부르기 시작했다. '사마〔樣〕'라는 말은 우리말의 '님'이라는 뜻도 있지만 '신'이라는 뜻과도 관계가 있는 극존칭에 해당한다. 일본의 중년 여성층은 '욘사마'에 완전히 매료되었으며, 이러한 현상을 제대로 해석할 수 없었던 일본의 지식인들은, 겨울연가가 불러온 일본 사회의 대변동을 도저히 이유를 알 수 없는 사회적인 대폭발, 그러니까 카타스트로피(Catastrophe)의 일종이라고 풀이하였다. 폭발은 수도권이나 대도시만이 아니라 일본 열도 전체를 뒤흔들어 놓았다. 욘사마가 일본을 방문했을 때 일본 전역에서 모인 인파들로 공항과 배용준의 숙소인 호텔 주변은 인산인해를 이루고 있었다. 일본 경찰은 이들을 통제하는 데 역부족이었으며 이러한 소동의 와중에서 일부 열성 팬들이 구급차에 실려서 응급실로 호송되는 진풍경을 연출하였다.

'욘사마'라는 낱말은 일본인들이 뽑은 '올해의 단어' 중에서도 당당하게 1위를 차지하였다. 당시 심사 위원장을 맡았던 소설가이자 경마 해설가인 다카하시 겐이치로는 욘사마 현상을 장수 국가인 일본에서 고령자에게 상당 부분 발언권을 억압당하고 게다가 젊은층과의 의사 단절로 인해 자신의 발언권을 회복하지 못하는 전형적인 '긴 세대'의 특성을 보이는 일본 중년 여성층의 대반란으로 풀이하였다.

이유야 어쨌든 욘사마와 지우히메(여주인공 최지우와 공주라는 뜻의 일본어 히메의 합성어)의 등장은 한일 문화사를 새로운 안목에서 볼 수 있는 획기적인 계기가 되었다. 한류라는 낱말은 이미 대만과 동남아권을 중심으로 상당 부분 정착되고 있는 단계였지만, 일본에서는 그다지 힘을 발휘하지 못하고 있는 상태였다. 영화〈쉬리〉와〈공동경비구역 JSA〉의 흥행 성공은 남북 분단이라는 소재의 특수성에서 비롯된 것이었고, 가수 보아의 성공 역시 애당초 일본 시장 진출을 노리고 일본어로 노래를 부른 마케팅 전략의 승리일 뿐이라는 견해가 지배적이었다. 한류는 어디까지나 한국보다 경제적으로 후진 상태를 보이고 있는 중국이나 동남아권에서 통용되는 일시적인 현상일 뿐이며, 일본과 같은 선진국 시장에 진입할 수 있는 문화적 컨텐츠로는 미흡하다는 논리가 설득력을 얻는 것처럼 보였다. 그러나 겨울연가의 성공과 욘사마 현상은 단숨에 모든 것을 바꾸어 놓았다.

한류의 기원과 정의

한류의 기원과 정의에 대해서는 다양한 의견이 존재한다. 어떤 이는 한류의 정의를 한국 문화 전반에 대해서 폭넓게 사용하고자 한다. 그러나 이러한 논의에 따르면 태권도의 보급과 전파도 한류의 일환이 되고 한국의 바둑이 세계적인 기전에서 선전하는 것도 한류가 되는 등 지나치게 확대 해석이 가능한 문제점을 안게 된다. 게다가 이러한 개념 정의에 따를 경우 한류의 기원 역시 상당히 오랜 시간을 거슬러 올라갈 우려가 있다. 따라서 한류의 개념을 주로 한국의 대중문화가 주변국을 비롯한 외국에 공통적으로 수용되고 있는 현상으로 한정시킬 필요가 있다. 이러한 정의에 따를 경우 한류의 기원은 안재욱과 장동건의 폭발적인 인기를 가져왔던 베트남이나 우리말로 된 가요들이 인기를 누렸던 대만이나 중국에서 찾을 수 있을 것이다. 아울러 드라마 '가을동화'의 대성공과 함께 드라마 속 촬영지 여행이라는 새로운 형태의 한류 상품을 성공시킨 대만의 사례 등이 커다란 분기점이 될 수 있을 것이다. 이렇게 볼 때 아직까지 한류는 주로 동아시아의 유교 문명권 내에서 한국의 대중문화가 파급되고 이를 통한 파생 상품의 개발 및 판매와 함께 한국의 국가 이미지가 동반 상승하는 현상으로 이해할 수 있을 것이다.

이러한 지역권의 문화적 교류 및 침투 현상은 비단 한류가 최초인 것은 아니다. 과거 6,70년대의 남미에서는 '텔레노벨라'라고 불리는 남미권 전역을 대상으로 한 TV 드라마가 제작되어 큰 인기를 누린 바 있으며 북중미까지 그 세력권을 넓히기도 하였다. 이는 라틴 아메리카가 에스파냐 어라는 공통 언어를 사용하고 있으며 가톨릭 신앙과 같은 문화적 배경이 유사했기 때문에 성공한 것으로 풀이된다. 한류 역시 주요 핵심 지역이 동아시아권임을 감안할 때 유교 문화권이라는 공통의 문화적 배경과 더불어 이러한 전통과 결합된 현대적 대중문화의 컨텐츠가 동아시아의 대중들에게 크게 어필한 것임을 쉽게 알아차릴 수 있다. 홍콩의 경우, 비록 이소룡의 무술 영화 시대에는 영화라는 단일 장르의 성공으로만 끝났지만, 주윤발, 장국영 등으로 대표되는 이른바 '홍콩 느와르(noir)' 시기에는 영화라는 장르를 넘어서서 가요와 파생 상품들이 동시에 판매되는 '한류 붐'과 유사한 '홍콩 붐'을 일으킨 적이 있었다. 그러나 홍콩 느와르는 영화 장르에 대한 의존도가 지나치게 강했고, 동일한 스토리 라인과 패턴을 지겹도록 반복, 양산함으로써 대중의 외면을 받을 수밖에 없었다.

홍콩의 이러한 실패 사례는 한류가 지속적으로 성장하기 위해서는 단일 장르에 대한 의존도를 줄이고 전방위적 차원의 노력이 전제되어야 함을 의미한다. 아울러 대중문화의 특성상, 새로운 컨텐츠의 개발보다는 스타 시스템을 이용한 양산 구조를 선호할 수밖에 없는 시스템의 명백한 한계 또한 반어적으로 보여 준다고 할 수 있다.

일시적 유행이냐 지속적 성장이냐

드라마 '대장금'의 유행은 한류에 대한 새로운 시각을 가지게 하였다. 일반적으로 사극 장르는 외국에서 인정받기 어렵다는 통념을 깨고 대장금은 중국, 대만은 물론 일본에서도 크게 성공하였다. 한국의 전통적인 음식과 복장들이 대거 등장함에도 불구하고 대장금은 전통 사극의 해외 시장 공략이라는 새로운 영역을 개척하였

(가) 지문은 대중문화에 대한 논의이다. (가) 지문을 참조하여 (나) 지문의 '욘사마 현상'을 분석하시오.

제시문 (가) 대중문화는 이제 우리 삶의 중요한 부분이 되었다.

〈중략〉

비판론자 가운데 대중문화를 문화 산업과 연관시켜 비판하는 학자들이 있다. 이들은 대중문화를 문화 산업에 의해 대량으로 생산되고 소비되는 상품으로 간주한다. 그들에 의하면 문화 산업가들은 더 많은 이익을 창출하고 기존 질서를 유지하기 위하여 예술에 간섭하고 이를 자신의 의도에 맞게 변형시킨다. 문화 산업가들은 연예인, 기획사, 제작사, 매스미디어, 유통업체 등을 하나로 묶어 이윤이 보장되는 대중예술을 양산하고 확대 재생산한다. 여기서 그치지 않고 문화 산업가들은 다양한 문화적 공세를 통해 대중의 정서와 감정, 취향과 무의식마저 조작한다. 이 속에서 문화는 대량 생산된 상품처럼 다양성과 독창성을 상실하고, 대중들은 이를 향유하며 얻은 충족감을 통해 불만과 갈등을 해소하고 일상의 행복에 빠져든다는 것이다.

한편 대중이 수동적으로 대중문화 상품을 소비하는 객체만은 아니라는 견해도 있다. 이 경우 대중은 문화에 대해 스스로 해석하고 실천하는 주체이다. 대중문화 역시 제작자의 의도대로 조작되는 것만은 아니다. 이러한 관점에서 보면 대중문화는 제작자의 의도와 수용자의 의도가 만나고 섞이는 가운데 의미를 만들어가는 문화적 실천의 산물이기도 하다.

제시문 (나)　뉴욕타임즈 12월 23일자 인터넷 판은 도쿄발 기사에서 32세의 배우 배용준이 달콤한 드라마 덕분에 수많은 일본 중년 여성의 마음을 사로잡는 최고 인기 남성으로 떠올랐다고 말했다. 이어 그가 한국과 일본에 무려 23억 달러의 경제적 효과를 창출했다고 지적했다. '욘사마의 일본 폭격'이란 말이 있을 만큼 일본에서 배용준의 인기는 하나의 문화 현상으로까지 확산되고 있다. 아사히 신문은 2004년 일본의 최고 유행어로 '욘사마'를 선정했고, 니혼게이자이 신문도 올해의 히트 상품 1위에 '욘사마'를 꼽았다.

문화 산업

오늘날 아무도 문화가 산업이라는 측면에 대해서 이의를 제기하지 않는다. 이른바 한류의 성공 신화도 그것의 경제적 성과를 강조하기에 바쁘고, 중국 또한 자신들의 문화 산업의 경쟁력 강화를 주요한 정책적 과제로 내걸고 있다. 그러나 이러한 문화와 산업의 관련성을 당연시하게 받아들이게 된 것은 그다지 오래된 일이 아니다.

독일의 철학자 아도르노(T. W. Adorno)와 호르크하이머(M. Horkheimer)가 '계몽의 변증법'에서 최초로 문화 산업이라는 용어를 쓴 것은 1944년의 일이다. 당시만 하더라도 문화와 산업의 결탁을 경고한 이들의 철학적 메시지는 상당히 놀라운 것으로 받아들여졌으며, 미래에 대한 예지력을 지니고 있는 것으로 평가되었다. 그러나 오늘날 문화는 당연히 산업의 일부일 뿐만 아니라 가장 중요한 산업적 분야로 받아들여지고 있다.

헐리웃의 블록버스터 영화들은 물론 한국의 영화들도 성공의 가장 중요한 요소로 관객 동원 여부를 따지고 있다. 이렇듯 문화계에 종사하는 이들은 물론 이러한 문화를 향유하는 관객들도 문화가 산업의 일부임을 의심하지 않는다. 그러나 시장 경제가 모든 것을 잠식하는 상황을 '악마의 맷돌'이라고 평가한 칼 폴라니(Karl

Polanyi)의 경고는 문화 산업의 분야에서도 여전히 유효하다.

비록 문화 산업이 지배적인 문화의 형태로 등장하고 있다고 하더라도 문화는 그것이 지닌 고유의 정신적 가치와 생활 양식이라는 측면에서 완벽하게 산업화할 수는 없는 분야이다. 예술 작품의 경우에도 '좋은 작품'의 기준이 단순한 흥행 실적과 작품 가격만으로 평가절하될 수는 없다. 따라서 시장 경제가 모든 가치관을 잠식시키고 세계화하고 있는 오늘날의 세계에서 문화 산업은 분명 첨병의 역할을 수행하고 있는 것이 사실이지만, 그럼에도 불구하고 이러한 시장 경제의 세계화와 획일화에 대항할 수 있는 지점 또한 문화임은 분명한 사실이다.

08

현대 미술가들은

왜

그림을 그리지

않는가?

1998년 김대중 대통령의 방미를 기념하기 위하여
개최된 만찬장에 세계적인 비디오 아티스트
백남준이 참석한다. 뇌졸증에 의한 반신 마비 상태로
휠체어를 타고서야 겨우 만찬장을 찾은 이 예술가에게
빌 클린턴 당시 미국 대통령이 다가와서
악수를 청한다. 그러나 상대는 세계에서
가장 강력한 나라의 대통령이 아닌가!
차마 앉아서 인사를 받을 수 없었던
이 천재적인 예술가는 불편한 몸에도 불구하고
대통령의 손을 잡기 위하여 휠체어에서 일어난다.
순간! 백남준이 입고 있던 바지가 훌러덩 벗겨진다.
게다가 그는 속옷도 입지 않은 상태였다.
가뜩이나 모니카 르윈스키와의 섹스 스캔들 때문에
골치를 썩이고 있던 빌 클린턴 대통령의 얼굴이
돌처럼 굳어졌다. 만찬장에 참석한 사람들의 귀에
백남준의 다급한 목소리가 들려왔다.
"내 바지 내려갔어,
어? 그런데 내가 속옷을 입지 않고 있네."

타 버린 한계가 있긴 하지만 애당초 지하철 결혼식이 의도했던 목표는 무엇이었을까? 우선 지하철이라는 공간이 가지고 있는 의미를 살펴볼 필요가 있다.

볼프강 쉬벨부시(Wolfgang Schivelbusch)에 따르면, 철도 여행의 등장으로 인해 출발지와 목적지만 남고 마차 여행 당시 중요한 역할을 담당했던 수많은 사이 공간들이 사라져 버렸다고 한다. 그러나 지하철이라는 공간은 철도 여행에서 그나마 스쳐 지나가는 풍경으로라도 남아 있던 사이 공간마저 완전히 소멸시켰다. 도시인들은 오로지 이동이라는 목표를 위해서 주변의 풍경을 잃고 어두컴컴한 지하 공간 속에 스스로 갇힌다. 또한 지하철에서 이루어지는 만남은 불교의 인연설과는 아무런 관련도 없는, 기억할 필요도 없고 기억되고 싶지도 않은 만남으로 전락하고 만다. 삶의 소중한 순간순간들이 오로지 이동이라는 목적 때문에 희생되어 버리는 곳, 현재의 지점에서 목적지까지 몇 정거장이 남았다는 식으로 계산되는 다분히 디지털화된 공간이 지하철이다. 그곳에서 우리가 기대하는 이벤트는 고작해야 허락 받지 못한 상인들의 물건 판매나 동정을 호소하는 자들의 구걸 행위, 일부 열렬한 신자들의 종교적 선전에 불과하다. 의도야 어쨌든 지하철 결혼식은 이러한 무미건조한 지하철의 공간에 결혼식이라는 특별한 이벤트를 접목시킴으로써 익숙한 것들을 새로운 눈으로 바라보게 되는 충격과 당혹감을 선사한다. 일상이나 관례적인 행위에서는 도저히 기대할 수 없는 상황을 예술이라는 매개를 통해서 새롭게 보여 준다는 점에서 백남준의 백악관 누드 퍼포먼스와 지하철 결혼식은 동일한 목표를 지닌다.

해프닝 예술에서 가장 중요한 것은 지금! 여기! 우리들의 삶 속에서 예술 활동이 벌어지고 있다는 점이다. 바로 이 점 때문에 해프닝 예술은 지속이 아닌 순간을 선호하며 그 순간을 통해서 영원이 되고자 한다. 아울러 상투적인 일상을 극복하고 삶의 순간이 지닌 무한한 가능성을 시험하기 위해서는 해프닝 예술 또한 순간적으로 소멸하지 않으면 안 된다. 따라서 예술이 존재해야만 하는 장소는 박물관이나 정기적으로 공연이 벌어지는 무대가 아니라 우리들이 살고 있는 삶의 현장이다. 당연히 그래야만 할 것들의 질서를 공격하고 교란시킴으로써 성립하는 해프닝은 오로지 그 자리에 있던 사람들의 소중한 체험과 기억들 속에서만 존재하는 순간적인 예술이다.

백남준의 말처럼 그것은 고등 사기에 가깝다. 그것은 예술이라는 이름으로 백안관의 파티를 누드 파티로 만들고 지하철이라는 공간을 예식장으로 변모시킨다. 그리고 우리는 이러한 사기 행각에 기꺼이 동참함으로써 순간에서 영원으로 이어지는 새로운 예술의 기능을 충격적으로 맛보게 된다.

죽은 토끼에게 어떻게 회화를 설명할 것인가?

1965년 독일의 어느 화랑. 얼굴에는 잔뜩 꿀과 금박을 칠한 전위 미술가 요셉 보이스(Joseph Beuys)가 죽은 토끼 한 마리를 손에 든 채 관객들 앞에 나타난다. 작품 제목은 〈죽은 토끼에게 어떻게 회화를 설명할 것인가?〉. 요셉 보이스가 죽은 토끼에게 무려 3시간 동안 그림에 대해서 웅얼거리며 설명하고 있는 동안 유리창 밖의 관객들은 이 행위예술을 지켜본다. 도대체 요셉 보이스는 죽은 토끼에게, 아니면 관객들에게 무슨 말을 전달하고 싶은 것일까?

현대 미술의 주요한 특징의 하나인 탈미술적 운동을 가장 전형적으로 보여 주고 있는 위의 사례는, 오늘날의 미술가들이 왜 그림을 그리지 않는가에 대한 실마리를 제공한다. 마르셀 뒤샹(Marcel Duchamp)이 소변기를 〈샘물〉이라는 제목을 붙여 미술 전시회에 출품한 이래 미술에 대한 근본적인 질문이 꾸준히 제기되었다. 벤야민(W. Benjamin)의 말처럼 아우라(aura, 흉내 낼 수 없는 고고한 분위기)를 상실한 시대에서 미술의 역할은 무엇일까? 뒤샹은 실제의 소변기에 아무런 손질도 하지 않고 단지 'R. Mutt'라는 가상 이름의 서명만을 첨가함으로써 일상에서 흔히 접할 수 있는 소재를 미술의 영역으로 변화시켰다. 이제 미술가는 새로운 그림을 제작하는 창조자의 지위가 아니라, 일상의 소재들을 전혀 다른 맥락 속에 위치시킴으로써, 또다른 의미를 파생시키는 전달자의 위치로 변화한다.

이러한 레디메이드(기성품) 예술의 흐름은 오브제(objet)라는 미술의 영역과 서로 교류하면서 현대 미술의 중요한 흐름을 형성한다. 자전거의 안장과 핸들을 이용해서 만든 피카소(Picasso)의 〈황소〉나 기성품인 찻잔에 모피를 입혀서 만든 오펜하임의 〈모피 찻잔〉 등이 이러한 흐름의 대표적인 작품이다. 결국 미술 혹은 예술에서 중요한 것은 의미의 창조가 아니라 의미의 소통이 된다.

요셉 보이스의 퍼포먼스 또한 이러한 소통의 의미를 강조하기 위해서 죽은 토끼라는 극단적인 매개물을 이용한다. 아울러 죽은 토끼는 현대의 기술 문명과 인간 중심주의적 사유가 초래한 반자연적·반환경적 상징이라는 점에서 중요한 의미를 지닌다.

　예술은 소통이다. 그러나 소통의 환경이 변한 만큼 소통의 형식 또한 변화해야만 한다. 미술가가 작품을 제작하고 그 작품을 권위적인 화랑에 전시하면 관객들이 찾아와서 보던 시대는 끝났다. 작가는 일상 속에서 작품을 제작해야만 하고, 그 작품은 관객들에게 전혀 다른 낯선 의미를 전달해야만 한다. 어쩌면 이러한 미술이나 예술의 운명은 죽은 토끼에게 회화를 설명하는 것보다 더 어려운 일인지도 모른다. 따라서 요셉 보이스는 미술이 미술로서만 남고자 할 때 오히려 소통에 장애가 될 수 있음을 깨닫고 이와는 전혀 다른 방향인 탈미술적 흐름으로 전환한다.

　이제 미술가는 더 이상 그림을 그리지 않는다. 그러나 미술가가 제시하는 다양한 퍼포먼스와 해프닝의 충격적 제시를 통해서 관객들은 미술관에서 접할 수 있는 그 어떤 의례적인 미술 작품보다도 더 강렬한 예술적 체험을 얻을 수 있다. 이제 미술은 미술을 벗어나야만 미술적 감동을 전달할 수 있다.

4분 33초와 백남준의 장례식

　요셉 보이스가 주창한 이러한 전위적인 미술, 예술 운동(플럭서

로 박스〉,〈캠벨 스프〉와 같은 작품들을 통해서 원본이 없거나 존재 가치를 상실한 오늘날의 예술 환경을 표현하였다. 특히〈브릴로 박스〉는 시중에서 얼마든지 구할 수 있는 할인 마트점의 포장 박스를 그대로 재현하여 전시함으로써 예술 작품이 원본이기를 고집하던 시대에 종말을 고하고, 오히려 대량 생산된 공산품을 복제함으로써 성립하는 오늘날의 예술 환경을 상징적으로 표현하였다.

그러나 '아우라의 상실'을 통해 새로운 예술 이론을 전개하였던 벤야민마저도 단순한 이분법의 원리에 입각하여 무조건 아우라가 없는 예술만이 현대적인 예술이라고 주장하였던 것은 아니다. 벤야민은 원본 예술이 가진 권위주의적 예술 관념과 귀족 예술적 경향을 비판함과 동시에, 이러한 아우라의 상실과 더불어 예술의 구원적인 성격 또한 사라져 가고 있음을 안타까워하기도 하였다.

복제 기술의 발전을 통해서 예술 작품은 과거의 고급 예술적 취향을 버리고 대중문화의 영역으로 이동하지만, 동시에 예술 작품이 가지고 있었던 고유의 주술적, 마술적 신비감 또한 사라져 버린다. 이제 대중들은 누구나 쉽게 예술 작품을 즐기고 향유할 수 있지만, 그만큼 예술 작품을 대할 때 느낄 수 있었던 경외감이나 신비로운 감정 역시 줄어들 수밖에 없는 환경에 처한 것이다.

2006 한양대 수시2-2 인문 |

다음 작품은 '가장 영향력 있는 현대 미술 작품'으로 선정된 뒤샹의 〈샘〉이다. 이 작품의 예술적 가치 및 의미에 대하여 감상자의 관점에서 작품 자체와 작품 외적 배경으로 나누어 논술하시오.

제시문 마르셀 뒤샹(1887~1968)은 1917년에 일상용품인 변기를 구입해 거꾸로 세운 후 서명을 하고 〈샘(Fountain)〉이란 제목을 붙여 뉴욕 그랜드 센트럴 갤러리에서 열린 앙데팡당 전에 출품하여 논란을 불러 일으켰다.

2004년 올해의 터너 상 시상식에 모인 500여 명의 미술 전문가들은 이 작품을 가장 영향력 있는 현대 미술 작품 1위로 선정하였다. 일반 예상과 달리 파블로 피카소의 〈아비뇽의 처녀들〉과 〈게르니카〉는 2위와 4위에 그쳤다. 3위는 앤디 워홀의 팝 아트 〈마릴린 먼로〉, 5위는 앙리 마티스의 〈붉은 화실〉이 차지했다.

추상 미술

일찍이 스피노자(B. de. Spinoza)는 '개라는 개념은 짖지 않는다.'라는 유명한 말을 남겼다. 개라는 추상적인 개념을 통해서 인간은 유사성과 차이를 인식할 수 있고, 종합과 분류를 수행할 수 있다. 그러나 이러한 추상성의 획득은 역설적인 의미에서 구체성을 상실하게 만든다. '개'라는 막연하고 추상적인 개념 속에는 우리가 현실 속에서 만난 다양하고 살아있는 개의 구체성이 제거되어 있는 것이다.

해프닝 예술이 삶의 구체성을 회복하고자 하는 운동이라면, 추상 미술은 이와는 반대로 철저한 추상적 수준의 접근을 통해서 삶이 지닌 궁극적 가치를 찾고자 하는 운동이다. 이제는 사라져 버린 모 은행의 로고로도 잘 알려진 바 있는 몬드리안(P. Mondrian)의 구성은, 이러한 추상 미술의 극단적인 움직임을 보여 준다. 몬드리안의 입장에서 볼 때 모든 사물들은 직선으로 환원될 수 있다. 따라서 진정한 미술의 임무는 개별적 사물의 다양성을 재현하는 것이 아니라, 각 사물의 형태들이 공통적으로 보여 주고 있는 추상적 수준을 드러내는 것이다. 결국 몬드리안의 그림에서 우리는 직선 이외의 어떠한 형태도 찾아볼 수 없는 극단적인 미술을 만나게 된다.

몬드리안과 함께 추상 미술의 선구적인 화가로 빼놓을 수 없는 인물이 러시아의 말레비치(K. S. Malevich)이다. 몬드리안이 직선과 단순한 색의 구현을 통해서 추상 미술의 영역을 개척했다면, 말레비치는 보다 극단적인 추상 미술을 시도한다. 그의 대표적인 작품 〈흰색 위의 흰색〉은 아무 것도 없는 흰색 캔버스 위에 흰색 사각형을 어슴푸레 그려 놓은 것이다. 만약 모든 사물들을 추상적 수준으로 환원한다면, 혹은 스피노자의 말보다 더욱 진일보해서 '개'가 아니라 '존재'라는 극단적인 개념을 그리고자 한다면, 말레비치의 작품 이외의 어떠한 방식이 존재할 것인가?

　미술 평론가 진중권의 말을 빌리자면 오늘날의 디지털 문명을 미리부터 예감하고 있었던 것은 이러한 추상 미술의 흐름이었다고 한다. 0과 1이라는 단순한 디지털 부호의 조합 덕분에 우리는 엄청나게 많은 디지털 문명의 혜택을 누리고 있다. 디지털 문명은 모든 사물들을 단지 두 가지로만 추상하고 재조합할 뿐이다. 그렇다면 말레비치의 유명한 〈흰색 위의 검정〉이라는 추상적 작품 또한 이러한 디지털 문명과 비교해서 무엇이 다르다고 말할 수 있을 것인가?

클래식 음악은 요한 스트라우스(Johann Baptist Strauss)의 '아름답고 푸른 도나우 강'이며 중간 계층은 거슈윈(G. Gershwin)의 '랩소디 인 블루'를 선호한다. 그러나 프랑스 사회의 최상층 계급은 클래식 음악 내에서도 상당히 난해한 것으로 알려진 바흐(J. S. Bach)의 '피아노 평균율'을 가장 좋아하는 것으로 나타났다. 이는 전통적으로 받아들여지고 있는 고급문화와 대중문화의 단순한 이분법을 넘어서 고급문화의 영역 내에서도 문화적 차이를 드러내는 아비투스가 복잡하게 작동하고 있음을 보여 준다. 단순히 클래식 음악의 선호 여부 만으로 사회적 차이가 표시되는 것이 아니라, 그 안에서 작동하고 있는 복잡한 메커니즘에 따라 다시금 문화적 차이가 구조화된다는 것이다. 예를 들어서 바흐의 '피아노 평균율'은 상당한 수준의 음악적 소양을 요구하고 있기 때문에 '피아노 평균율'에 대한 선호도는 음악적 교양에 대한 사회적 바로미터(barometer)로 작동하며, 이를 통해서 신분 없는 사회의 신분을 드러내는 문화적 지표로 연결된다.

앞에서 살펴본 한국의 뮤지컬 열풍이나 고급예술에 대한 문화적 수요의 증대는 단순한 문화적 욕구뿐만이 아니라 사회적 구분에 대한 욕망이 문화 산업 분야에 투영되어 있는 것으로 이해할 수 있다. 기술 복제 시대의 예술 환경에서 이른바 아우라(aura)가 있는 일회성 예술들은 고급 예술의 분야로 이동하게 된다. 물론, 뉴욕의 브로드웨이(Broadway)나 한국에서 상연되고 있는 대형 뮤지컬 역시 철저하게 문화 산업의 논리에 따라서 작동하고 있다. 그렇지만 영화와 같은 복제 예술과는 달리 뮤지컬이나 연극, 음악회 등의 공연 예술은 현장감과 일회성이라는 아우라적 속성으로 인해서 고급 문화와 쉽게 결합된다. 그리고 이러한 고급문화는 단순한 예술적 감상 차원에서 그치는 것이 아니라 사회적 계급과 계층을 나누는 상징적인 지표로 이용된다. 부르디외는 이러한 문화의 상징적 성격에 주목해서 이를 상징 권력으로 표현하였다.

문화는 단순한 개인적 기호나 취향 그 너머의 것이다. 개인적 취향이나 선호도는 그가 속한 사회적 계급, 계층에 따라서 미리 주어진 것이며, 이러한 취향과 선호의 확대 재생산은 사라진 신분제 사회의 새로운 계급적 표현 양식으로 기능한다. 음악이나 미술적 소양의 많고 적음은 한 개인의 취향과는 무관하게 그가 속한 사회 계급, 계층의 속성에 따라 미리 규정되는 것이다. 이럴 때 예술은 단순한 미적 추구의 대상으로 그치는 것이 아니라 사회적 신분을 구분하는 날카로운 경계선으로 작동한다. 이제 사회적 신분은 정치, 경제적 구분 이외에도 문화적 수준의 높낮이 여부에 따라서 자리 매김된다. 그리고 이러한 문화적 수준의 차이는 취향과 기호의 차이로 표현되면서 신분적 진입 장벽을 더욱 높이는 기능을 한다. 문화는 오직 문화의 영역에서만 작동하는 것이 아니라 사회적 불평등을 재생산하는 섬세하고 세밀한 권력으로 작동한다.

우리나라의 고급문화

1970년대만 하더라도 한국을 대표하는 술은 막걸리와 소주였다. 아직 경제 발전의 초기 단계에 머무르고 있었던 한국 사회에서 술에 대한 개인적 취향은 사회적으로 크게 다르지 않았다. 개발독재의 최고 권력자 또한 매년 의례적으로 참석하는 모내기 행사에서 농부들과 함께 막걸리를 마실 정도였다. 다만 사회적 신분 상승의 가능성을 내포하고 있었던 대학생들 사이에서 맥주가 서서히 유행하고 있을 뿐이었다. 흔히 통기타와 청바지, 맥주로 대표되는 70년대 대학생들의 문화적 코드는 청춘과 반항의 지표로 표현되기도 하지만 농민과 노동자들의 입장에서 볼 때는 역설적으로 사회적 구분선을 나누는 강력한 문화적 지표이자 상징 권력이기도 하였던 것이다.

그러나 1979년 개발 독재의 수장이 양주를 마시다가 피살되는 사건이 발생한 이후, 양주는 일부 계층의 은밀한 전유물에서 급속하게 대중적 욕망을 표현하는 문화적 상징물로 떠올랐다. 양주를 마신다는 행위는 단순히 독한 술을 마시고 싶다는 기호의 차이를 반영하는 것이 아니라, 양주를 마실 수 있는 권력의 대리 체험이라는 상징적 성격을 띠게 되었다. 그동안 은밀하게 진열장이나 벽장 속에 보관되어 있었던 양주는 이제 공공연한 모임이나 회식 자리에서 마시는 술로 변하게 되었다. 때마침 1980년대의 급속한 경제 성장과 맞물리면서 개인적 취향과는 무관하게 술의 사회적 서열이 양주, 맥주, 소주, 막걸리의 순으로 매겨지게 되었다. 양주는 맥주나 소주와는 달리 그 종류와 가격의 다양성으로 인해서 상징 권력을 작동시키는 효과적인 표현기제가 될 수 있었다. 누구나 양주를 먹는다고 해서 다같은 양주를 마시는 것이 아니라는 현실적인 가격의 서열이 존재했다. 게다가 브랜디, 스카치, 코냑 등으로 대표되는 양주를 둘러싼 복잡다양한 지식들은 사회적 신분의 차이를 드러내는 효과적인 수단이 될 수 있었다.

사실, 고급문화로 갈수록 미세한 차이를 구분하고 세심하게 드러낼 수 있는 섬세한 지식과 담론이 필수적으로 요구된다. 최근 들어서 유행하고 있는 와인에 대한 열풍도 건강과 웰빙이라는 표면적인 이유와는 관계 없이 기호의 차이를 사회적 신분의 차이로 드러내고자 하는 사회적 욕망과 깊은 관련을 맺고 있다고 할 수 있다. 와인은 그 종류와 가격에 있어서 양주와는 비교할 수 없을 정도로 엄청나게 많은 다양함을 자랑하고 있다. 따라서 와인에 대한 상세한 지식의 소유 여부는 사회적 신분의 경계선을 표현하는 대단히 효과적인 수단으로 작동할 수 있다. 게다가 와인은 양주와는 달리 일단 한 번 개봉하면 저장이 불가능하다는 일회적인 성격마저 띠고 있어 아우라적 예술이 갖는 일회성과 유사한 성격마저 지니고 있다. 따라서 와인에 대한 선호 여부는 단순한 개인적 차원의 취향의 문제를 뛰어넘는다. 그리고 이러한 취향과 기호의 사회적 재생산은 정치적, 경제적 차원의 차별과는 달리 보다 은밀하고 간접적으로 작동한다.

언어에서 발견되는 상징 권력

이러한 문화적 차원의 상징 권력은 문화 예술적인 차원만이 아

다음 글에 나타난 사회 현상을 분석하고, 우리 현실에서 볼 수 있는 유사한 사례를 들어 대중 사회의 '소비 주체'들이 어떤 태도를 지녀야 하는지 논술하시오.

제시문   영국에 튤립이 수입된 것은 1600년이었다. 1634년경에는 인기가 아주 많아 여유 있는 사람이 튤립을 키우지 않으면 교양이 없다는 말을 들을 정도였다. 당대의 많은 지식인들이 튤립 키우기에 빠져 들었다. 네덜란드에서는 상인을 비롯한 중산층에도 튤립 재배 열풍이 번졌고, 그다지 넉넉하지 않은 사람들도 터무니없는 가격에 튤립을 사느라 야단법석이었다. 하알라엠 시의 한 상인은 전 재산의 반을 털어 튤립 한 뿌리를 샀는데, 차익을 남겨 팔기 위해서가 아니라 친구들에게 자랑하고 싶어서였다.

〈중략〉

사람들은 손이 많이 가는 이 식물을 재배하는 데 열중했다. 어머니가 건강한 자식보다는 병약한 아이에게 신경을 더 쓰는 것과 비슷했다. 튤립에 대한 근거 없는 찬양도 점점 더해 갔다. 1634년 튤립을 소유하려는 네덜란드인들의 열망이 도를 넘어, 다른 산업은 팽개치고 모든 사람이 튤립 거래에 나섰다. 이러한 광기(狂氣)가 지속되면서 값은 계속 올랐고, 1635년에는 튤립 40뿌리에 10만 플로린을 주고 산 사람도 많았다. 10만 플로린이면 당시 네덜란드에서는 황소 830마리 정도를 살 수 있었다. 이렇게 고가가 되고 보니 곡식 알갱이보다 가벼운 페릿이란 중량 단위로 튤립을 사고 팔 필요가 생겼다. 1636년에 이르러 진귀한 튤립 품종에 대한 수요가 더욱 커져, 튤립 거래 시장이 암스테르담 주식 시장과 로테르담 그리고 하알라엠에 세워졌다.

〈중략〉

어떤 사람들은 이 광기가 오래 가지 못할 것을 감지했다. 일부 부유층은 자신들의 정원에 있는 튤립을 적은 이윤을 남기고 팔기 시작했다. 크게 손해 볼지 모른다는 인식이 널리 퍼졌다. 그러자 튤립 값은 떨어지고 다시 오르지 않았다. 튤립 거래자들은 공황 상태에 빠졌다. 구매를 계약한 사람들은 대금 인도일이 되자 몇 분의 일로 가격이 떨어진 튤립의 인수를 거절했다. 네덜란드 전국에 한숨이 울려 퍼졌다. 부자가 된 일부 사람들은 재산을 숨기고 영국에 투자했다. 많은 상인들은 무일푼이 되었고 채무자로 전락하는 귀족들이 속출했다.

유한계급과 명품 소비

경제학에서 말하는 유명한 '베블렌 효과'라는 것이 있다. 경제학의 수요 공급의 법칙에 따르자면, 가격이 오르면 소비가 떨어지는 것이 일반적이다. 그러나 일부 소비재의 경우에는 가격이 올라감에도 불구하고 오히려 소비가 더 늘어나는 현상이 발생한다. 이러한 일반적인 경제학의 상식을 뒤집는 기현상에 대해서 베블렌(T. B. Veblen)은 그의 유명한 '유한계급론'에서 정확하게 지적한 바 있다.

사회적인 계급 구성의 위치에서 볼 때 최상층에 위치한 이들은 사실 가격의 변화에 대해서 그다지 민감한 반응을 보이지 않는다. 오늘날 한국사회에서 불고 있는 명품 소비 현상은 이러한 사회의 상층 계급 다시 말해서 '유한계급'이 주도한 소비의 흐름이 전 사회의 대중으로 확산된 결과라고 할 수 있다. 일반적인 서민의 경우에는 명품을 사기 위해서는 많은 경제적 부담이 전제되는 것과는 달리 유한계급들은 가격의 변화보다는 그 제품이 지니는 사회적 이미지를 더 중요한 구매의 기준으로 삼는다. 따라서 이들은 일반인의 접근이 어려운 희귀재를 선호하는 경향을 보이며 이러한 희귀재의 소비를 통해서 자신들의 상징 권력을 확보하는 것이 주요한 목표가 된다.

실재로 명확한 사회적, 경제적 차이를 드러낼 수 있는 제품이 존재할 경우, 이들은 가격 변화에 대해서 그다지 신경을 쓰지 않는다. 아니, 오히려 가격이 더 오르면 오를수록, 일반인들의 경제적 부담이 더 가중되면 가중될수록 유한계급의 소비 의욕을 자극할 수 있다. 따라서 한국 사회에서 많은 이들이 명품을 소비하는 경향이 계속된다면, 유한계급은 일반적인 명품과는 다른 특수한 명품을 찾기 위해서 더욱 노력하게 될 것이고, 역설적인 의미에서 가격이 높으면 높을수록 더 소비하고자 하는 욕망을 부추길 수 있다.

10

예술 표현의

한계는

어디까지인가?

인간은 누구나 사회 속에서 살아간다.

그리고 사회 속에서의 삶은

더불어 살아가는 것을 의미한다.

인간은 혼자서만 살 수는 없다.

항상 누군가의 도움을 받고,

누군가에게 영향을 주며

살아가기 마련이다.

타인과의 끊임없는 부대낌 속에서

인간은 자신만의 독립된 공간을 꿈꾸게 된다.

누군가가 자신만의 공간을 침해한다면

위기 의식을 느낄 수밖에 없다.

그래서 자유는 항상 타인의 자유를

침해하지 않는 선까지만 인정된다는

고전적인 한계가 존재한다.

그러나 위와 같은

교과서적인 한계 설정이

때로는 현실의 삶 속에서

들어맞지 않는 경우가 발생한다.

음란물로 판결 받은 미술 작품

2001년 한 미술 교사는 교과서적인 선을 과감하게 넘어서는 소동을 빚었다. 몇 년간의 고소와 항소 끝에 미술 교사는 끝내 유죄 판결을 받았다. 2005년 7월 대법원은 이 소동에 대한 최종 판결을 내렸다. 자신과 아내의 알몸 사진 등을 인터넷에 올린 이 중학교 미술 교사에 대해서 대법원은, 미술 교사 자신은 표현의 자유를 추구했을지 모르지만 허용될 수 있는 선을 지나치게 넘어서 타인에게 피해를 끼쳤다는 판결을 내린다. 1심과 2심의 무죄 판결을 뒤집은 이 대법원의 판결은 표현의 자유보다는 사회적 책임의 손을 들어 준 것으로 볼 수 있다.

충남 서천에 있는 중학교 미술 교사인 그는 2001년 자신의 홈페이지에 만삭인 아내와 자신의 알몸 사진을 게재했다. 이 사진과 함께 남녀의 성기를 그린 작품 등을 묶은 연속된 작품을 홈페이지를 통해 공개했다. 이런 사실이 학부모 등을 통해 문제가 되고 논란이 일자, 검찰은 미술 교사를 음란물을 인터넷 등에 유포한 혐의로 재판에 기소했다. 당시 문화 단체들은 예술 표현을 법적인 잣대로 평가하는 것은 부당하다며 강력하게 반발하고 나섰다. 이에 대해 법원은 1심과 2심에서 문제가 되었던 6장의 사진과 그림에서 음란성을 찾기 힘들다며 미술 교사에게 무죄를 선고했다. 그러나 검찰은 이에 승복하지 않고 대법원에 상고했고, 대법원은 2년 4개월여의 심리 끝에 김씨에게 무죄를 선고한 원심을 깨고 유죄를 선고한 것이다. 6장의 사진 중 3장에 대해 '음란물'이라는 결정을 내린 것이다. 대법원은 판결문에서 "음란(淫亂)이란 보통 사람의 성욕을 자극해 성적 흥분을 유발하고 정상적인 성적 수치심을 해쳐 성적 도의 관념에 반하는 것"이라 규정하였으며, "음란물 여부는 표현물 제작자의 주관적인 의도가 아닌, 사회 평균인의 입장에서 그 시대의 건전한 통념에 따라 객관적·규범적으로 평가해야 한다."는 입장을 밝혔다.

대법원은 김씨의 작품을 예술이 아닌, 음란물로 판단하였다. 다시 말해 그의 작품을 표현의 자유를 넘어 타인에게 해악을 끼치는 외설적인 음란물로 판결한 것이다. 그렇다면, 도대체 예술과 외설의 차이는 무엇일까? 흔히 성욕을 자극하면 외설이고, 성욕을 자극하지 못하면 예술이라는 말을 한다. 하지만 사실, 예술과 외설의 차이는 종이 한 장에 불과하다고 할 수 있다. 육체를 성적인 자극과 흥분 상태를 드러내는 방식으로 다루는 것이 외설이라고 한다면, 예술 또한 그와 같은 표현 형식을 사용할 때는 분명히 예술도 외설이 될 수밖에 없기 때문이다.

사회의 통념이라고 할 수 있다. 마광수 교수의 《즐거운 사라》는 성애 묘사의 외설 여부 때문이 아니라 여대생 사라의 성생활이 '동방예의지국'의 전통적 윤리 규범과 맞지 않기 때문이라는 것이 처벌의 이유였다. 결국, 외설 자체에 대한 리얼한 묘사보다는 성에 대한 개방적 사고가 사회적인 통념과 너무나 괴리가 컸기 때문인 셈이다. 서갑숙 씨는 타의 모범이 되어야 할 연예인이 자신의 성생활을 공개했기 때문에 사회 통념의 벽에 부딪쳤고 사실상 5년간의 유배 생활을 견뎌야만 했다.

예술이냐 외설이냐를 판단하는 기준의 핵심은 사회적, 문화적 통념이라고 할 수 있다. 결국 제도의 문제가 아니라 사회적·문화적 통념이 유죄를 선고한 것이다. 앞에서 미술 교사 김씨를 유죄로 판결한 대법원의 판결문에서도 '사회의 건전한 통념'이 유죄를 선고한 것임을 분명히 하고 있다.

사회적·문화적 통념

사회적·문화적 통념이란 당대를 살아가는 수많은 개인들이 보편적으로 받아들이는 사고 체계를 말한다. 이러한 사고 체계의 이면에는 그 문화와 사회 제도를 생산하는 자들의 욕망이 반영되어 있다. TV, 신문, 영화 등의 대중 매체를 통해 우리는 끊임없이 그런 상징 기호들을 주입받는다. 생산자들, 광고들, 기자들, 그리고 심지어는 문화를 소비하는 이들이 함께 우리의 사상과 가치에 영향을 미치는 통념을 만들어 낸다. 이러한 통념은 사회의 주도적인 계층과 그들의 가치와 관심사를 지켜 준다. 일부 대중문화 비평가들은 문화적 소비 자체를 조작(또는 속임수)이라고 보기도 한다. 문화의 생산자들이 문화 소비자들의 사상과 행동에 영향을 주기 위해 통념을 사용한다는 의미에서이다. 이런 통념들은 문화 상품들과 결합된다. 이런 결합은 통념 뒤에 담겨 있는 의도에 대한 고려 없이 즉각적으로 상품을 소비하는 환경을 만들어 낸다. 대중문화를 통해서 생산되는 상품들은 바로 이런 시스템을 통해 막대한 수익을 내는 것이다. 결국 대중문화의 시스템 뒤에는 문화 생산자들이 만들어 내는 통념이라는 장치가 작동하고 있는 것이다.

예술은 결국 사회적·문화적 통념들과 싸워야 하는 운명을 지닌다. 예술적 표현의 자유야말로 사회적 통념들과 싸워서 기존 체제가 갖고 있는 모순을 보여 주기 위한 강력한 무기이다. 그리고 이러한 예술적 싸움은 필연적으로 사회적 일탈과 그 맥락을 같이 할 수밖에 없다. 인간은 혼자서 살 수는 없으며 그 누군가와 항상 부대낄 수밖에 없는 숙명을 지니고 있다. 따라서 나의 자유의 추구는 나만의 문제로 그치는 것이 아니라 언제나 타인의 삶에 영향을 끼치게 된다. 나의 표현의 자유가 타인의 자유를 침해할 수도 있고, 나의 양심과 사상의 자유가 타인에게는 체제를 전복시키는 위협으로 다가올 수도 있다. 현실에서의 자유의 범위를 정하는 줄 긋기는 그래서 고정된 기준을 마련하기 어렵다. 천칭의 추가 무게 중심을 잡기 위해 끝없이 왔다갔다 하듯, 타인과의 적당한 거리를 재는 줄 긋기 또한 끝없이 새롭게 그어지게 마련이다. 예술의 파격과 사회적 일탈은 기존의 제도와 고정 관념, 상식에 대한 부정과 저항이라는 면에서 새로운 줄 긋기의 의미를 갖는다. 그리고 그 줄은 언제나 떨림 속에서 생성된다. 통념을 유지하려는 측과 그 통념의 경계를 확장하고자 하는 측의 끝없는 긴장 관계가 성립하는 것이다.

예술과 윤리의 관계

어떤 의미에서 보자면 예술적 표현의 자유와 사회적 책임에 대한 문제는, 미와 윤리라는 고전적인 문제를 안고 있는 것으로 보인다. 군이 모더니즘 미학을 논하지 않더라도 미의 창조는 언제나 기존의 사회적 통념 및 윤리와는 대립되는 면을 보이게 마련이다. 대부분의 경우, 미는 윤리의 반대편에 서서 당대의 통념을 비판하고 조롱하고자 한다. 더욱이 오늘날과 같이 절대적인 미의 기준을 설정하기 어려운 시대에는 사회적인 윤리나 통념은 미의 입장에서 볼 때 훌륭한 예술적 소재가 될 수밖에 없다. 반면에 당대의 윤리와 통념은 미의 이러한 일탈의 가능성을 제어하고 사회 체제의 유지 기능에 동화될 수 있도록 길들이고자 한다. 여기서 미와 윤리의 충돌 가능성이 내재하는 것이다. 불행하게도 미는 윤리와 동화되는 순간 자신의 생명을 잃고 독립성을 상실한다. 반대로 윤리 또한 어느 정도의 제한선을 두지 않고 무조건적인 예술적 표현의 자유를 허락할 수는 없는 노릇이다.

그러나 미와 윤리의 불행한 대립 관계는 예술의 입장에서 보자면 많은 창작의 소재를 제공하고, 윤리의 입장에서 보자면 사회 체제에 대한 반성의 기능을 수행한다. 과거 군사 독재 정권 시절 우리 사회는 너무나 자주 통념과 보수적 윤리의 손을 들어 주었다. 그리고 이러한 보수적 윤리의 이면에는 자신들의 부당한 체제를 수호하기 위한 정치적 음모가 노골적으로 개입되어 있었던 것이 사실이다. 그들은 통념을 수호한다는 명분 아래 자신들의 체제에 위협이 되는 비판 자체를 말살시키고자 하였으며, 대중문화를 비롯한 모든 예술 분야에서 사실상 전방위적 통제를 자행하였다. 따라서 예술 표현의 자유를 옹호해야 한다는 주장이 여전히 많은 설득력을 지니고 있는 것이다. 그리고 이러한 설득력의 배경에는 윤리의 절대적 기준보다는 우리 사회의 불행했던 역사적 그림자가 드리워져 있다. 그럼에도 불구하고 앞으로도 미와 윤리의 이러한 불안정한 경계선 자체가 완전히 사라지지는 않을 것이다.

예술적 표현의 자유를 존중하는 사회가 보다 많은 민주주의와 보다 많은 비판을 허용하고 있는 사회인 것만큼은 분명하다. 그러나 그 어떤 사회도 무조건적인 표현의 자유를 전면적으로 허용할 수는 없다. 따라서 예술 표현의 자유와 사회적 책임을 둘러싼 영토 분할의 선 긋기는 끊임없이 계속될 것이다.

2003 성균관대 수시2 인문 |

개인의 욕구와 사회의 관습·제도가 서로 상충하는 경우, 각 개인에
게는 선택 또는 타협의 문제가 발생한다. 이러한 문제와 관련하여,
아래에 주어진 제시문을 바탕으로 자신의 견해를 논술하시오.

제시문 (가) 한국 주부 연합회의 조사에 따르면, 10명 중 1명 이상의 한국
여성이 임신 중 태아의 성별을 미리 확인하였다. 그리고 그중
절반이상이 태아가 여아인 경우 낙태를 하였다.

〈중략〉

이번 조사는 또한 여성들이 여아를 원하지 않는 이유의 43.8%
가 뿌리깊은 유교적 전통에 기초하고 있음을 보여 준다. 다른
22.4%는 여성에게 가해지는 사회적 불이익 때문과 관련이 있
다고 이야기했다.

제시문 (나) * 아래 글의 저자는 화가이자 미술 교사이다. 그는 셋째 아이를 임
신한 부인과 함께 나체를 드러낸 사진 작품을 자신의 홈페이지에
올린 후 음란물을 게재했다는 이유로 검찰에 의해 기소되었다.

세계가 기계처럼 돌아가기를 원하는 사람들이 있다. 그것도 정
확하게 맞춰진 시계처럼 한 치의 오차도 없이 돌아가기를 바란
다. 세계는 완전해져야 한다. 그들은 세상을 온전하게 소유하
고자 한다. 그들에게 있어 삶이란 오직 소유이다. 그래서 소유
되지 못한 것은 용납되지 못한다. 그들이 말하는 공공성이란
그런 것이다. 그들에게 질서에 편입되지 않은 것은 불온하다.
모든 것은 규정에 의해 조화롭고 안정되어야 한다. 주어진 모

든 공간은 공적이다. 개인은 거기에서 벌어지는 질서 안에서 움직인다. 그들이 말하는 사적인 것이란 그런 질서에 위배되지 않는 한에서 주어진 선택권일 뿐이다.

흔히 그들은 그것이 개개인의 권리와 인권을 보호하기 위한 것이라고 말한다. 각자 모든 사람의 자유의 영역을 보호하기 위해 세워지는 장치라고 말한다. 그러나 거기에서 개인은 오직 그들이 말하는 공적인 질서에 종속될 뿐이다. 지켜져야 하는 것이 질서이며, 개인은 질서라는 영역에서 주어진 옵션을 선택할 뿐이다. 아마 나는 바로 그런 질서 개념에 의해 그들의 본보기가 되었는지 모른다. 그들 말대로라면 인터넷은 오직 공공의 공간이다. 그래서 그곳에서는 오직 그들이 승인한 행동만 해야 한다. 그곳은 쇼핑몰이나 기차역처럼 주어진 기능에 종속되어야 한다. 섣부른 개인적인 행동은 삼가야 한다. 사적 행복 역시 거대한 질서 속에 편입되고 그것에 의해 주어지는 옵션이 된다. 그러나 나는 그러한 규칙을 스스로 만들었으며 그것을 통해서 스스로 행복해지고자 했다. 그야말로 사적인 행동이고 사적인 행복의 추구였다.

금기와 터부

금기와 터부는 그 시대의 사회 기준과 가치관에 따라 변화한다. 요즘에는 상식적으로 이해할 수 없는 것이지만, 조선시대에 양반 집 아낙은 외출할 때 얼굴을 쓰개치마로 가려야 했고, 부모에게 물려받은 신체의 일부인 머리털을 자르면 안 되었다. 그러나 내용이 다를 뿐, 현대에도 금기와 터부는 여전히 강력한 힘으로 작동된다. 금지된 것은 그 자체로 강력한 매력을 지니게 된다. 금지되어 있고 사회적으로 용인되지 않기 때문에, 그것을 극복하고 넘고 싶은 욕망이 생기는 것이다. 금기와 터부는 그 자체로 인간의 자유를 제한하고 억압하는 기제가 될 수밖에 없으며 이것의 한계선을 넘는 것은 제한 구역을 넘어가는 쾌감과 희열을 줄 수밖에 없다.

예술은 사람들이 당연하게 받아들이는 금기와 터부에 대한 통념에 금을 가게하고 뒤흔드는 역할을 하기도 한다. 또 예술은 이러한 금기와 터부를 재치 있게 건드리고 조리함으로써 동시대인들의 사고의 영역을 넓히는 데 일조하는 결과를 낳기도 한다.

그러나 역설적이게도 예술적 표현의 한계를 규정한다는 것은 사회에서 필요로 하는 금기와 터부가 공고하게 자리 잡고 있다는 것을 의미한다. 예술 표현의 한계는 사회적으로 규정되어야 하는 것인가, 개인의 판단에 맡겨야 하는 것인가? 예술 표현의 한계를 규정하는 데 있어서 무엇보다 분명한 것은 인위적 질서가 아닌 자생적 질서를 통한 자율성이 보장될 때, 개인의 영역과 권리는 보다 더 확고하게 자리 잡을 수 있을 것이라는 점이다.

11

오늘날

종교의 의미는

무엇인가?

우선 종교에 대해서 말하기 전에

종교에 대해서 말하기 어려운 이유부터 말해야 한다.

오늘날 '종교'는 매우 애매하여

합리적으로 정의 내리기가 곤란하다.

도대체 무엇을 종교로 보아야 하는가?

엄밀한 의미에서 종교는 정신 활동 전체를 포괄한다.

학자에 따라서는 문화 자체를

종교 현상의 형식으로 이해하기도 한다.

사회에 대하여, 자본주의에 대하여,

정치 체제에 대하여 말할 때 우리는 일정한

규범적 틀을 가지고 있다. 예를 들어 사회는

제도와 가치관, 사회 변동의 문제 등이 있고,

자본주의는 그것의 생산성과 모순이라는

전통적인 논의의 장(場)이 마련돼 있다.

그리고 정치 체제라고 말할 때 누구나 의회제나

정당 제도와 같은 보편적인 민주적 절차에 입각하여

사고한다. 그렇다면 종교에 대하여 말할 때는

무엇을 출발점으로 삼아야만 할 것인가?

종교에 대해 말하기 어려운 이유

종교에도 물론 교리나 종교 조직, 종교적 가치관 등의 범주가 존재한다. 하지만 이것이 모든 종교에 일반적이라고 할 수는 없다. 유교를 과연 종교로 보아야 하는가? 유교에는 예수나 부처에 상응하는 신(神)의 관념이 발달하지 않았다는 점, 이른바 유신론의 결핍이 유교의 종교성에 시비를 거는 결정적 이유가 된다. 하지만 유교를 종교가 아니라고 말한다면, 종교 의식과도 같은 주자가례(朱子家禮), 종교적 강박이라 할 만한 법(法)과 예(禮), 예학의 교리를 지키기 위해 순교를 마다하지 않았던 '선비'라는 순교자들을 어디에 포함시켜야 할까? 이러한 점을 놓고 볼 때, 종교는 그 범주를 명확히 확정 짓기 어렵다는 범주 설정의 오류를 처음부터 안고 있다.

종교에 관한 논의가 어려운 또 다른 이유는, 종교를 이해하는 데 있어 경험의 한계가 존재한다는 것이다. 모든 종교는 체험에서 비롯된다. 그것이 교회에서 세례를 받는 엄숙한 기도이든, 작두 위에서 칼춤을 추는 신내림이든, 체험이 없다면 종교에 대한 이해는 원천적으로 봉쇄된다. 때문에 종교의 기능이나 역할, 종교가 현실 세계에 미치는 영향을 고찰하는 데 있어 한계가 드러난다. 종교의 객관성을 말하기 위해서 종교의 주관적 체험에 몰입한다는 것은 어던가 이상하게 들린다. 체험의 문제를 생각해 볼 때 종교를 객관적으로 설명하는 것이 가능한 것일까?

종교에 대해 말하기 어려운 세 번째 이유는, 종교 자체보다 종교의 영향력에 관한 것이다. 종교는 정치, 경제, 사회, 문화, 예술, 과학, 윤리 등 거의 모든 영역에 걸쳐서 여러 가지 뉘앙스(nuance)를 가지고 영향을 준다. 종교는 그것의 실체를 파악하기도 어렵지만, 그 영향력 또한 너무 광범위하기 때문에 특정 영역에 한정시켜 논의를 진행하기가 곤란하다. 종교는 특이하게도 각각 학문적 담론의 틀 속에 나름대로의 방식으로 흡수되어 있기 때문에 담론의 영역을 벗어나 종합적인 이해에 이를 수 있을지조차 의문이다.

범주 설정의 문제, 주관과 객관의 문제, 그리고 담론 영역의 한계를 설정하는 문제 등 이러한 세 가지 이유가, 종교에 대해 말하고는 싶지만 똑 부러지게 말하지 못했던, 고전적인 20세기의 논의들이다. 이렇게 볼 때 어쩌면 종교에 대해서 한 마디 말도 할 수 없을지도 모른다.

종교는 민중의 아편인가?

현대인들이 종교에 대해 기억하고 있는 가장 유명한 격언은 19세기 독일의 철학자 마르크스(K. H. Marx)가 남긴 테제(These, 정치·사회적 운동의 기본 지침이나 강령), 즉 "종교는 민중의 아편이다."일 것이다. 그의 주장에 따르면, 종교란 지배 계급이 피지배 계급의 자발적 복종을 강요하기 위해 만들어 놓은 교묘한 속임수(허구적 관념-이데올로기)이다. 예를 들어 불교에서 살생을 금하는 교리가 발달한 것은, 단백질 공급이 원활하게 이루어지지 않았던 고대의 국가 사회의 식량 문제와 관련이 있으며, 힌두교의 암소 숭배는 유일한 동력원이었던 가축의 죽음이 마을 전체의 몰락으로 이어질 수 있었던 위험성을 이해한다면 충분히 설명 가능하다. 이와 비슷하게, 유대인들이 돼지고기를 먹지 않는 이유는 중동 지방의 자연 환경과 관계가 깊다. 인류학자인 마빈 해리스(Marvin Harris)에 따르면, 돼지 사육은 인간의 식량 고갈을 의미한다. 돼지는 사람과 같은 음식을 먹기 때문에 건조 기후인 중동에서 돼지를 기르는 것은 그만큼 인간의 생존률을 떨어뜨리게 된다. 실제로 돼지고기의 금식은 종교적인 이유였다기보다는 생존의 이유였을 가능성이 있다. 신약성서에서 예수는 귀신들과 싸우면서 들판에서 기르던 돼지 500마리를 수장시키는데, 유대인들이 종교적인 이유로 돼지고기를 먹지 않았다는 교리로는 500마리나 되는 돼지를 사육하던 당시의 사회 상황을 설명할 수 없다.

민중들의 성실한 종교적 실천, 즉 살생하지 않기 위해서 채식 위주의 식단을 짜고, 사람이 굶어 죽어도 암소를 잡아먹지 않으며, 돼지를 부정한 동물로 여겨 먹지 않았던 순진한 민중들의 수행은, 어떤 식으로든 지배자들의 이익으로 돌아갔을 것이다. 종교가 민중의 아편이라는 말은 이러한 지배자들의 교묘한 속임수를 꼬집는 말이다.

성스러운 것과 속된 것을 철저하게 구분하는 교리와 계율은 국가의 조세 정책이나 형법 조항을 반드시 포함하고 있다. 뿐만 아니라 고대 사회에서 볼 수 있는 대부분의 국가 종교는 대규모의 군사 동원과 노동력 소집에 기여했다. 성경이나 코란에서 볼 수 있는 신의 계시는 상당 부분 군사 용어로 구성돼 있다. 동양의 경우, 오랜 세월 동안 불교는 국가 정치에 직접 개입하였고, 승려들은 승병 집단을 이루며 정예 군사로 활용된 예가 수없이 많다.

이렇게 보자면, 모든 종교란 지배자들의 종교였으며, 지배의 정당성을 부여하기 위해 활용된 교묘한 관념적 전략이 된다. 심지어 기층민들의 저항적 종교마저도 정변(政變)이나 혁명(革命)을 도모하는 이데올로기로 작용했다. 잘 알다시피 예수는 당시의 사회적 지도층이었던 바리사이파에게 저항하도록 민중들을 부추겼으며, 그 자신이 정치범으로 죽임을 당했다. 마호메트는 사막의 유목민과 상인들을 규합하여 반란을 주도했으며, 석가모니(釋迦牟尼)는 당시의 사회적 질서를 철저하게 부정하는 개인주의적 교리를 설파했다. 이런 예를 볼 때 종교가 일종의 관념적 환각제였음은 부인하기 어렵다.

종교에서 개인적 체험을 강조할 경우, 신비주의(mysticism)나 영성 운동으로 나타나기도 한다. 불교의 미륵불 신앙이나 이슬람의 수피즘(sufism), 개신교의 천년 왕국 운동이나 오순절 운동 등이 대표적인 경우이다. 많은 종교학자들이 여러 종교의 신비주의 신앙에 대해 연구해 왔지만, 특정한 사회 상황과 딱 맞아 떨어지는 사회학적 모델이 성립된 경우는 없었다. 다만 갑작스러운 사회 변동이나 급진적인 산업화가 진행될 경우, 종교의 신비주의적 경향이 강화되는 현상이 관찰되기는 한다. 급속도로 산업화가 진행되던 한국 사회의 70, 80년대에 나타난 기독교 부흥 현상이나, 일본에서 버블 경제가 허물어지기 시작하던 1990년대 중반 옴진리교가 급속도로 확산된 현상 등이 대표적인 경우라고 할 수 있다. 최근에는 1999년의 세기 말을 전후하여 전세계적으로 퍼져 나갔던 라엘리즘이 신비주의 종교의 대표적인 확산 현상에 속한다. 프랑스의 언론인이었던 라엘(C. V. Rael)이 창시한 것으로 알려진 이 신흥 종교는 과학 기술이 신적 계시의 한 형태라 보고 외계인과의 통신 및 조우를 신앙의 계기로 삼고 있다.

종교의 신비주의적 경향에 대해 정신 병리학적 접근을 시도했던 프로이트(S. Freud)는 종교적 체험이라 일컬어지는 행동이 강박 증세와 비슷하다는 주장을 펼쳤다. 그는 신경증적 의례적인 행위와 종교 의례 행위를 딱 잘라 구분하기 어렵고, "이 양자에서 공통되는 것은, 이 행위에 태만할 경우 불안에 휩싸인다는 점, 다른 행위와는 완벽하게 분리된다는 점, 그리고 처음부터 끝까지, 그리고 세부 사항에 이르기까지 지극히 세심하다는 점" 등이라고 말한다.

이러한 프로이트의 주장에 대해 대다수의 종교인들은 종교가 믿음이나 신념의 문제라고 주장한다. 신과의 합일이나 계시의 특수성을 믿는 사람들은 다른 종교를 가진 사람이나 종교를 믿지 않는 사람들과는 소통 자체가 불가능하다고 말한다. 2세기 경 로마의 기독교 지도자였던 터툴리아누스(Tertullianus)는 "나는 이해하기 위해 믿는다."라는 말로 이와 같은 종교적 경험의 특수성을 강조했다.

그러나 프로이트가 보기에 신경증과 종교 의례의 차이는 지극히 작은 것에 불과하다. "종교 의례는 통일적인 반면 신경증세는 개인에 따라 차이가 크다는 점, 종교 의례는 공적이고 사회적인 데 견주어 신경증적 의례 행위는 그 성격이 지극히 사적이라는 점, 그리고 무엇보다도 종교 의례의 일거수일투족은 의미심장하고 상징적 의미로 가득 차 있는 데 견주어 신경증적 의례 행위는 하찮고 어리석어 보인다는 점" 뿐이다. 프로이트에 따르면, 종교는 한 마디로 신경증이다.

종교의 본질은 무엇인가?

모든 종교는 유한한 인간이 자신의 유한성을 자각할 때 발생한다. 그것이 사회적 자각이든 개인적 자각이든 인간에게는 근본적으로 동일한 종교적 상황이 있다. 즉, 죽음, 고통, 절망, 기대하는 것과 이룰 수 없는 것 사이의 갈등, 이른바 '유한성'이라는 상황이 그것이다. 칸트(I. Kant)는 이러한 인간을 가리켜 "유한성이라는 감옥에 갇혀 있는 존재"라고 말한다. 그리고 그는 바로 그러한 인간의 유한성이 보다 더 높은 것을 추구하는 욕망을 부추긴다고 지적한다.

인간은 유한과 무한의 변증법을 통해 종교를 발견한다. 가벼운 질병 앞에 무너지는 나약함, 끊임없이 밀려드는 생각의 공포와 불안, 가장 믿었던 사람의 배신과 일순간 날아가 버리는 사랑, 사랑하지만 가슴을 후비는 통증으로 다가오는 고통, 죽음 앞에서 아무 것도 할 수 없는 무기력함 등등. 종교는 바로 이 틈새에서 자라난다.

이러한 유한과 무한의 변증법을 숱한 문학가와 사상가의 글 속에서 만날 수 있다. '햄릿'에는 추악한 인간의 본성과 도덕적 절망 사이에 빠진 인간의 실존적 고뇌 속에서 종교가 그려지고 있으며, 도스토예프스키(F. M. Dostoevskii)는 악마적 본성을 가진 인간들 속에서 사랑이라는 종교적 본질을 발견한다. 카프카(F. Kafka)는 불합리하게 내동댕이쳐진 현실에서 삶을 선택해 보지만 심판 받고 배신당하는 어두운 세계를 응시하며 구원을 갈구한다. 쇼펜하우어(A. Schopenhauer)는 인간이 지닌 생에의 의지가 얼마나 애매한 것인가를 지적하고 있으며, 키르케고르(S. A. Kierkegaard)는 신 앞에서 인간 스스로가 윤리적 실존을 감당해 낼 것을 촉구한다. 그리하여 니체는(F. W. Nietzsche) 19세기 말의 어두운 그림자를 보며, 앞으로의 세상이 미친 듯이 달려갈 니힐리즘(nihilism, 허무주의)의 사막을 예언했다. 그리고 그는 솔직하게 인정했다. "신은 죽었다."고.

19세기를 살았던 위대한 사상가들의 공통점은, 그들 모두 종교에 대해 집요하게 질문하고 탐구했다는 것이다. 사회 발전의 내적 논리를 합리성의 증대라는 차원에서 보고 종교를 사회학적 연구의 핵심적인 위치에 두었던 베버(M. Weber)에게 있어서나, 종교·윤리와 같은 사회 규범이 어떻게 사회 체계와 연관을 맺는지 밝히려 했던 뒤르켐(E. Durkheim)에게 있어서 그리고 종교 비판이 모든 사회 비판의 전제임을 받아들이는 마르크스(K. H. Marx)의 이데올로기 비판 등에서, 종교의 문제는 모두 사회학적 분석의 핵심적 기초를 이루고 있다. 또한 니체(F. W. Nietzsche)는 그의 광적인 메모지 속에서 허우적거리며 종교와 싸우고 있고, 프로이트(S. Freud)는 '종교란 강박증의 일종'이라 일축한 자신의 답변에 만족하지 못한 듯 죽기 직전까지 종교와 씨름했다.

오늘날, 종교의 의미는?

20세기가 시작된 이래로 종교에 대한 이해는 크게 세 가지 방향을 취해 왔다. 그 하나는 종교가 정치 이데올로기의 한 형태로서 권력을 정당화하는 수단이라는 이해였고, 다른 하나는 종교가 정신적으로 나약하거나 병든 사람들의 망상에 불과하다는 주장이었으며, 나머지 하나는 과학의 합리적 체계에 의해 언젠가는 와해될 미신의 잔재라는 견해였다. 이러한 의견들의 공통된 결론은 하나 같이 종교가 언젠가는 사라질 것이라는 '믿음'이었다.

그러나 21세기가 시작된 이래로 종교가 사라질 것이라고 '믿는' 사람은, 불행히도 그리 많지 않다. 20세기 말에 자본주의의 미래를 논했던 레스터 써로우(Lester C. Thurow)는 현대 서구 자본주의 사회에서 '종교적 근본주의에 의해 야기되는 민족 분리주의는 자본주의의 활화산'이라고 표현하고 있다. 2001년 9·11 테러 이후 정신적 공황 상태에 빠진 미국인들에게, 하버드의 헌팅턴 교수가 어설프게 예견했던 '문명의 충돌'은 진실로 받아들여지고 있다. 오늘날 서구화된 국가에 살고 있는 사람들은 어떠한 형태로 터져 나오든, 극단화된 테러리즘은 특정 종교와 관련이 있음을 부인하지 않는다.

종교에 대한 20세기의 불신은, 어쩌면 20세기가 만들어 낸 종교의 한 형태일지도 모른다. 냉정한 과학적 합리주의와 성찰의 능력을 상실한 이성이 짓밟고 억눌러 놓았던 인간과 자유에 관한 질문들이 한꺼번에 터져 나오고 있는지도 모른다. 불안한 전쟁의 기운이 세계 도처에 퍼져 있는 것은 그 동안 아무도 대답하려 하지 않았던 물음들의 항변이다.

많은 사람들은 종교가 복잡한 신학적 교리와 합리적으로 포장된 의례 행위로 나타난다고 생각한다. 그러나 종교는 궁극적인 물음에 의해 생겨난다.

인간은 우주에서 어떤 위치에 속해 있는가? 인간이 죽는다는 것은 다른 고등 동물의 죽음과 어떻게 다른가? 인간이 언어로 말할 수 있다는 것은 무엇을 의미하는가? 인간이 환경을 초월하는 자유를 가지고 있다는 것은 무엇을 의미하는가? 인간이 추상화하는 능력을 가지고 있다는 것은 무엇을 의미하는가? 인간에게 있어 마음과 육체의 관계는 무엇인가? 개인과 사회의 관계는 어떤 것이며 어떻게 되지 않으면 안 되는가? 인간이 도덕적인 존재로서 자기 속에 내적 갈등을 가진다는 것은 무엇을 의미하는가? 인간의 문화적 창조력은 어떤 상태를 추구하는가? 인간이 종교적으로 자신의 의지를 초월할 수 있다는 것은 어떤 방향성을 가지고 있는가? 인간의 지성과 의지, 감성은 서로 어떤 관계를 가지고 있는가? 인간은 미래의 일에 수동적인가? 인간의 이성은 어떤 한계를 가지고 있는가? 인간에게 주어진 자유는 선한가, 악한가? 왜 세계에는 악이 존재하는가? 나와 너는 어떻게 다른가? 우리는 어디에서 왔으며, 어디에 있고, 어디로 가는가?

이러한 질문들은 매우 오래된 것이며 이 질문에 답하는 방식은 시대마다 달랐다. 그러나 근본적으로 종교를 발생시킨 질문들은 '인간과 자유'에 관한 것이었다. 인간은 결코 완전한 존재가 아니며 그에게 주어진 자유 역시 유한한 것임을 깨달았을 때, 종교는 더 이상 질문하지 않는다. 종교는 결코 대답으로 주어지지 않는다. 종교는 물음에서 시작해서 그 물음을 그치게 할 뿐이다. 그리고 그 물음은 여전히 계속된다.

오늘날 종교의 의미는 무엇일까?

(가)의 '산 자들의 권한'에 대해 (나)에서 그 내용을 찾아 서술하시
오.

제시문 (가)　　인간은 오랫동안 현세에서의 삶이 사후(死後)에도 영향을 미
칠 수 있다고 생각해 왔다. 현세의 삶에 대한 사후 보상은 종교
마다 차이가 있지만 많은 경우 도덕과 결합되어 인간을 선한
삶으로 이끄는 동기가 되기도 하였다. 이는 어쩌면 현세의 고
달픈 삶을 견디기 위한 간절한 바람에서 생겨난 것일 수도 있
다. 현세에서의 삶의 태도에 따른 사후 보상과 관련된 독특한
형태의 하나가 연옥이다. 연옥은 일회적인 삶에서 불멸의 삶으
로 옮겨 가는 것을 돕는 중간 장치이다. 연옥은 인간이 원죄로
죄성(罪性)을 타고나지만 그렇더라도 개개인은 자기 책임 하
에 지은 죄에 따라 심판을 받는다는 관념과 결부되어 있다. 연
옥은 용서할 수 없는 무거운 죄는 어쩔 수 없으나 근본적으로
가벼운, 일상적인, 의례적인 죄, 즉 사면 가능한 죄가 정화(淨
化)되는 장소인 것이다. 특히, 연옥은 그 곳에서 시련을 겪고
있는 죽은 자들이 산 자들의 대도(代禱: 대신 기도함)에 의해
천국으로 갈 수 있는 중간적 저승이다. 죽은 자들을 위한 대도
는 죽음을 가운데에 두고 산 자들과 죽은 자들 사이의 긴밀하
고 지속적인 유대가 필연적으로 존재한다는 믿음을 전제로 한
다. 이 믿음은 대도의 수행을 의무화하는 산 자와 죽은 자의 연
계 제도를 발전시켰다. 이를 통해, 죽은 자와 연옥에 대한 산
자들의 권한이 증폭되었다.

제시문 (나)

죽음이 임박했을 때에야 하느님과
화해하기를 바랐지만 내 빚은
참회만으로는 줄지 않았을 거요.
만일 빚장수 피에르가 나를 위해
거룩한 사랑으로 감동된 기도 가운데 나를 기억해 주지 않았더
라면.
……
현세에서 마음 착한 이들이 이 영혼들을 위해
무엇을 말하고 무엇을 해야 할 것인가?
이 땅에서 묻혀 간 때를 씻어 버리고
정결하고 가볍게 별들이 빛나는 하늘로
날아갈 수 있도록 도와주어야 하리.

죽음

죽음에 대한 인간의 탐구와 고뇌는 고대부터 현대까지 끊임없이 이어지고 있다. 사후 세계가 존재하기를 바라는 것은 현세의 삶으로 생이 마감되는 유한적인 존재라는 제한성을 극복하고자 하는 인간의 근본 욕망을 잘 보여 준다. 다양한 종교가 각기 다른 교리와 신을 내세우지만, 죽음으로 마감되지 않는 사후 세계를 제시하고자 하는 종교가 많다는 것은, 죽음에 대한 인간의 불안감과 종교가 깊은 연관을 맺고 있다는 것을 잘 보여 준다.

의술과 과학 기술의 발달로 불로장생의 꿈이 실현된다면, 천국과 내세와 윤회를 설파하는 종교의 근간은 사라지게 될지도 모른다. 결국 극단적으로는 죽음으로 수렴되지만 종교에 의지하고자 하는 욕구는, 설명할 수 없는 인간에 대한 불안에서부터 출발할 것이다. 미래를 알 수 없고, 한치 앞도 예측할 수 없는 생에서 삶에 대한 당위성과 명분을 갖고 싶어 하는 마음은, 어쩌면 생래적인 것일지도 모른다.

삶과 죽음에 대해 냉소적인 현대인들이 늘어난다는 것은 현대 사회에서 종교가 종말을 고하는 결과를 낳을 수도 있다. 그러나 지울 수 없는 불안감이 인간 존재와 함께 영원히 있을 수밖에 없다는 사실은, 종교가 여전히 명맥을 유지할 수 있는 근본 이유가 될 것이다.

12

웰빙은 정말

웰빙하고

있는 것인가?

정말이지, 웰빙(Well-being)의 시대다.

만나는 사람들마다 웰빙을 이야기하고

내놓는 상품마다 웰빙이라는 접두어를 붙이느라

정신이 없다. 새로 나오는 전자 제품들은

기능이나 성능과 상관없이, 어김없이

웰빙 제품임을 강조한다.

갑자기 요가 학원을 다니는 사람들이

폭발적으로 늘어나고 있으며, 하루에 3만 보를

걷는다는 아프리카의 마사이 족의 걸음걸이를

배우는 사람들 또한 증가하고 있다.

채식주의는 웰빙 문화의 상징처럼

여겨지고 있으며, 다이어트도 웰빙을 위해서는

반드시 수련해야만 하는 과정이다.

하물며 가장 비웰빙적이라고 알려져 있는

인스턴트 식품과 패스트푸드 업계마저도

웰빙 라면과 웰빙 햄버거를 발매하고 있는 실정이다.

웰빙 고추장, 웰빙 쭈꾸미, 웰빙 김치가 있는가 하면

웰빙 닭다리구이마저 등장하고 있다.

웰빙 열풍

　건강을 체크하는 기능이 있는 휴대폰은 웰빙 휴대폰이 되고, 자판기에 항균 기능이 있다는 이유만으로 웰빙 컴퓨터라고 부른다. 주의력 결핍 장애를 치료하고 스트레스를 감소시켜준다는 웰빙 게임이 있는가 하면, 웰빙 보험이나 웰빙 카드와 같은 알듯말듯한 용어들도 새롭게 등장하고 있다. 이쯤 되면 웰빙 때문에 머리가 아플 지경이고 웰빙 때문에 오히려 웰빙하지 못할 것만 같은 생각도 든다. 도대체 웰빙이 무엇이길래 너도나도 웰빙 웰빙하면서 웰빙을 찾는 것일까?

　웰빙의 사전적 의미를 찾으면 먼저 웃음부터 나온다. 잘 먹고 잘 살자는 것이 영어 단어 'Well-being'의 사전적 정의다. 예로부터 이 '잘 먹고 잘 살자'는 말은 다른 사람에게 들어서 가장 기분 좋은 욕이라고 한다. 굳이 '잘 먹고 잘 살라'고 하는데 기분 나빠할 이유도 없고, 또 '잘 먹고 잘 살아라'라고 욕을 하는 쪽에서도 그다지 해 될 것도 없는 말이니 욕하기에는 아주 제격인 것이다. 하지만 이 '잘 먹고 잘 살아라'라는 기분 좋은 욕의 이면에는 '에라, 이 이기적인 놈아, 어찌 그렇게 자기 이익만 챙기려고 하나, 남들이야 어찌되었던 너 혼자만 배 터지게 먹고 너 혼자만 부귀영화를 누리며 천년 만년 장수해 봐라.'와 같은 자조적인 저주의 의미가 담겨 있다. 어찌 되었거나 과거에는 '잘 먹고 잘 살라'라는 말이 다른 사람에게 듣는 욕이었던 반면에, 오늘날의 웰빙은 스스로 나서서 '잘 먹고 잘 살겠다'고 공공연히 이야기하는 것이 다르다면 다른 점이다. 그렇다면 이 '잘 먹고 잘 산다'는 구호는 도대체 무엇을 이야기하고 있는 것일까?

'잘 먹자'의 의미

먼저 '잘 먹고'의 의미부터 살펴보기로 하자. 웰빙이라는 접두어의 상당 부분이 주로 음식과 관련된 단어에 붙어 있는 것을 보면 웰빙과 음식, 웰빙과 요리는 떼려야 뗄 수 없는 관계임을 알 수 있다. 다만 예전의 '잘 먹는다'는 뜻이 주로 남들이 자주 접하지 못하는 귀하고 값비싼 음식을 마음껏 먹는다는 의미로 쓰인 반면에, 최근의 '잘 먹는다'는 의미는 건강을 위해서 소식(小食)을 하고, 가급적 육류와 같은 음식의 섭취를 자제하고, 환경오염의 우려를 덜기 위해서 친환경 유기농 음식을 먹겠다는 뜻으로 쓰이는 것 같다. '마음껏 먹는다'가 '자제하며 먹는다'로 바뀌었고, '산해 진미(山海珍味)를 먹는다'가 '환경오염이 없거나 덜한 음식을 먹는다'로 변했다고 할 수 있다. 하지만 오늘날에는 유기농 제품의 가격이 비싸서 값비싼 음식을 먹는다는 의미만큼은 그다지 달라지지 않은 것으로 보인다. 자본주의 시장 경제에서 사회적 수요가 높은 희소 자원들의 가격이 오르는 것이 당연지사임을 감안할 때 웰빙의 핵심 구호 중 하나인 '잘 먹고'의 항목에 비싼 것을 먹겠다는 의미가 함축되어 있음은 부정하기 어렵다. 그러나 이것은 어디까지나 결과론적 이야기일 뿐, 웰빙이 먹는 것에 집착하는 이유가 될 수는 없다.

지나친 속도 경쟁과 효율 중심의 문화를 극복하고 느림의 문화 속에서 새로운 인간적 삶의 대안을 찾고자 하는 운동을 '슬로라이프'라고 한다. 이 운동은 속도보다는 느림을 중시하고, 직선보다는 곡선의 미학을, 채움보다는 비움을 중요한 가치로 여긴다. 이러한 슬로라이프 운동 가운데서도 주로 음식 문화와 관련되어서 벌어지는 운동이 바로 '슬로푸드 운동'이다.

1986년 이탈리아에서 시작된 슬로푸드 운동은 이름 자체가 의미하고 있는 것처럼 전 지구적 입맛의 단일화를 목표로 하는 패스트푸드와는 정반대편에 서 있다. 슬로푸드 운동은 자본주의와 세계화의 급진전으로 말미암아 인간의 가장 소중한 즐거움의 하나인 미각의 쾌락마저 빼앗기고 있는 현실을 개탄한다. 또 속도 문명 혹은 패스트라이프라고 부를 수 있는 오늘날의 라이프 스타일은 인간을 속도의 노예로 만들고 말았다고 주장한다. 뿐만 아니라 전통적인 음식을 요리하면서 느끼는 즐거움이나 여러 사람들이 모여서 대화를 나누는 정겨운 식사 시간의 모습은 패스트푸드의 확산과 더불어 점점 자취를 감추고 있는 현실을 고발한다. 또 식사는 이제 인생의 소중한 체험을 나누면서 맛있는 음식을 함께 즐기는 것이 아니라 단지 빠른 시간 안에 허겁지겁 음식물을 집어 넣는 기계적인 행동으로 전락하였으며, 인간에게서 이러한 미각의 쾌락과 식사의 즐거움을 빼앗아가 버린 주범이 바로 패스트푸드라고 단언한다. 따라서 슬로푸드 운동은 잃어버린 미각의 회복과 전통적인 요리의 보존, 그리고 패스트푸드에 대한 전 세계적인 반대 운동을 추진한다.

슬로푸드 운동은 단지 혀 끝의 쾌락만을 보존하고자 하는 것이 아니라 전통적인 음식 재료의 다양성을 수호하고 친환경적인 농법을 지원함으로써 자연과 인간에 대한 근본적인 가치관의 변화를 모색하고 있다. 오늘날의 비료 문명과 대량 사육의 문명은 자연을 단지 지배의 대상으로만 간주하고 있으며, 최소의 노력을 들여서 최단 시간 내에 최대의 생산을 올리는 데만 혈안이 되어 있다. 그러나 슬로푸드 운동은 자연과 인간의 공존을 추구하며 음식 재료의 생산과 소비의 순환 속도를 느리게 만들고자 한다. 결국 무엇인가를 먹는다는 행위는 단순하게 음식물을 섭취하는 것으로 끝나는 것은 아니다. 그것은 속도와 효율만이 최상의 가치로 평가 받고 있는 오늘날의 현실에 대한 근본적인 거부를 표시하는 것이며 인간적인 삶을 회복하기 위한 첫걸음이라고 할 수 있다. 슬로푸드 운동의 입장에서 볼 때, 진정으로 잘 살기 위해서는 잘 먹는 것이 무엇보다도 중요하다.

위와 같은 입장에서 볼 때 웰빙이 내세우고 있는 '잘 먹고'의 구호가 단지 경제적인 관점에서 비싼 음식만 먹자는 뜻으로 해석될 수는 없다. 먹는다는 행위는 우리가 살고 있는 이 세계에 대한 적극적인 참여와 실천을 의미하는 것이며, 이러한 실천을 통해서 세계와 인간의 관계를 새롭게 정립하는 것이다. 특히 프랑스의 인류학자 레비 스트로스(C. Lévi-Strauss)는 요리를 자연 세계에서 문명으로 넘어가는 경계선으로 보았다. 그에 따르면 요리는 자연이 문화로 변형되며, 요리의 종류들은 항상 차별화의 상징으로서 시의 적절하게 사용된다. 따라서 요리는 단지 요리로만 그치는 것은 아니라 무언가를 요리하고 먹는다는 행위는 문명의 의미를 띠게 된다. '잘 먹는 것'을 통해서 요리는 경제적인 가치와 사회적 부를 상징하는 차별화의 도구가 될 수도 있고, 슬로푸드 운동과 같은 속도 중심의 문명에 반대하는 저항의 상징이 될 수도 있다.

그러나 유행처럼 번지고 있는 우리 사회의 웰빙 열풍 속에서 슬로푸드 운동과 같은 반세계화, 반현대 문명이라는 적극적인 저항의 의미를 찾아보기는 어렵다. 오히려 다분히 개인적, 가족적 차원의 건강식이나 친환경 식품에 대한 선호 현상쯤으로 받아들여지고 있는 것이 아닐까 하는 의구심이 든다. 물론 이 둘을 칼로 두부 자르듯이 확연하게 구분할 수는 없을 뿐더러 아무리 개인적, 가족적 차원의 '잘 먹자'는 운동이라고 하더라도 얼마쯤은 환경 문제에 대한 우려와 실천이 녹아들어 있을 것이다.

웰빙에서 부르짖고 있는 '잘 먹고'라는 구호는 어디까지나 다함께 잘 먹어 보자는 운동이다. 나 혼자만 잘 먹거나 우리 가족만 잘 먹자는 구호가 아니다. 그러나 우리 사회의 웰빙 의식에서 부족한 것은 공동선(共同善)의 추구가 결여되어 있다는 점이다. 유행처럼 번지고 있는 '잘 먹고' 운동의 이면에는 '공동선의 추구'가 아닌 '개인주의'와 '가족주의'의 색깔이 강하게 나타난다. 이러한 개인적, 가족적 차원의 편협한 웰빙 의식은 웰빙의 두 번째 구호인 '잘 살자'에서 보다 잘 드러난다고 할 수 있다.

'잘 살자'라는 말의 의미

'잘 살자'는 말은 생각만큼 쉬운 말이 아니다. 어떻게 사는 것이
잘 사는 것인지 명확하게 정의하기도 어렵고, 경제적인 성공의 척
도만으로 잘 사는 것을 판별할 수 없음도 분명하다. '잘 살자'는 말
속에는 현대 문명 속에서 잃어버린 인간성의 회복이나 정체성 추
구와 같은 다분히 철학적인 의미가 포함되어 있을 것이며, 다람쥐
쳇바퀴 돌 듯 돌아가는 단조로운 일상에 대한 비판도 들어 있을 것
이다. 아울러 아무리 잘 먹고 자신을 위한 시간을 여유롭게 가질 수
있다고 하더라도 건강이 뒷받침되지 않으면 무용지물이라는 사고
도 있을 수 있다.

건강한 신체에 건강한 정신이 깃든다는 말이 있는 것처럼 '잘
살자'라는 구호 속에는 '건강하게 살자'는 의미가 내포되어 있음은
부정하기 어렵다. 그러나 문제는 우리 사회의 웰빙 열풍이 지나치
게 '건강', 그 중에서도 '신체적 건강'에만 집중되어 있다는 점이
다. 그러다 보니 '잘 먹고 잘 살자'라는 웰빙의 의미 또한 건강에
좋은 음식을 먹고 건강하게 몸을 유지하는 것에 초점이 맞추어지
고 있다. 극단적으로 이야기하자면 오늘날의 삶을 둘러싼 환경이
개인의 건강을 너무나 위협하고 있기 때문에 웰빙이란 몸에 좋은
음식을 먹고 몸에 좋다는 제품을 쓰고 스스로 알아서 몸을 잘 관

리하는 것이다.

　물론 건강과 몸에 대한 관심의 증대를 바람직하지 않은 것으로 볼 이유는 없다. 그동안 육체는 정신에 비해서 열등한 것으로 치부되어 온 것이 사실이다. 데카르트(R. Descartes)의 철학 이후 이성은 인간에게 부여된 가장 핵심적인 능력으로 추앙받아 왔다. 이 세계에서 인간이 과학적 진보를 이끌어 내고 자연이라는 외적 대상을 지배할 수 있는 것은 오로지 이성 때문이며, 이성은 동물과 인간을 나누는 경계선이며 객관적 진리에 도달할 수 있는 유일무이한 수단이라고 믿어 왔다. 따라서 인간은 이러한 이성적 능력을 계발하는 데 모든 노력을 집중해야만 한다. 이러한 이성에 대한 절대 우위적인 사고는 신체와 감각에 대한 부당한 멸시와 천대로 이어졌다. 이성에 비해서 신체나 감각은 그다지 신뢰할 만한 것이 못 되고, 게다가 신체나 감각은 인간뿐만이 아니라 동물들마저도 가지고 있는 저급한 능력이라는 것이었다.

　그러나 이러한 이성 우월주의 혹은 이성 중심주의에 대한 반성은 감각과 몸에 대한 새로운 관심을 불러일으켰다. 이성이 인간의 일부이듯이 신체와 감각 또한 엄연히 인간의 일부인 것이다. 오늘날 지구 전체가 환경 문제로 골머리를 썩고 있고 핵무기와 같은 자기 파괴적인 무기를 다량으로 소유하게 된 것은 전적으로 이성의 탓이라고 할 수 있다. 그렇다면 그동안 억압받고 멸시당해온 감각과 신체에 대한 관심을 새롭게 가져야 하는 것은 두말할 필요도 없는 것이다.

　신체에 대한 관심이 늘어난 것은 위와 같은 철학적 배경을 지니고 있다. 그렇기 때문에 웰빙이 건강이라는 대중적 구호 아래 신체에 대한 관심을 적극적으로 표명하는 것은 바람직한 일이라고 할 수 있다. 그러나 문제는 유행적 웰빙에서 주장하는 신체에 대한 관심이 신체의 해방과 신체가 지니고 있는 잠재적인 능력의 개발보다는 다분히 개인적이고 표면적인 신체에 대한 관심사로 방향을 돌리고 있다는 점이다. 어떤 의미에서 보자면 웰빙이 건강과 외모라는 신체의 표면적 효과에만 집착하고 있는 탓에, 신체에 대한 해방은 고사하고 오히려 억압적 기능까지도 수행하고 있다고 볼 수 있다.

사실, 다이어트는 웰빙이라기보다는 사회의 미적 기준에 자신의 몸을 끼워맞추려는 신체에 대한 억압이다. 뿐만 아니라 다이어트 산업이 여성 소비자층을 주대상으로 삼고 있음에서 알 수 있듯이, 다이어트는 다분히 남성 중심의 사회를 유지하기 위한 성정치의 도구로써 작동한다. 물론, 이것은 어디까지나 웰빙에 대한 잘못된 오해에서 비롯된 것이며 웰빙의 '잘 살자'가 신체에 대한 억압을 수행하는 다이어트와는 아무 관련이 없다고 항변할 수도 있을 것이다. 그러나 '웰빙 성형'이라는 상식적으로는 납득하기 어려운 말까지도 받아들여지고 있는 오늘날의 현실을 감안할 때, 한국 사회의 웰빙과 건강에 대한 인식이 잘못된 루키즘(lookism, 외모가 개인 간의 우열을 가른다고 믿는 외모 지상주의를 뜻하는 용어)이나 외모 지상주의와 결탁되어 있음을 부정하기는 어렵다.

몸짱이나 얼짱과 같은 신조어들이 대중적인 단어로 정착한지도 이미 오래 전의 일이다. 게다가 웰빙이 주요한 마케팅 포인트로 인식되면서 이른바 '결심 산업'이라고 부를 수 있는 헬스, 요가, 다이어트 등이 각광을 받고 있다. 웰빙이 이와 같은 외모 지상주의나 결심 산업등과 결부되고 있는 것은 그만큼 우리 사회의 웰빙에 대한 인식이나 이해가 개인적인 차원에서 머물고 있다는 증거라고 할 수 있다.

공동의 건강과 공동의 선을 염려하는 목소리는 너무 적거나 아예 묻혀서 잘 들리지 않는다. 슬로라이프 운동이 효율 위주의 속도 중심 사회에 맞서서 '느림의 철학'을 회복하자는 단호한 선언인 반면, 우리 사회의 웰빙 열풍은 바쁜 일상생활의 와중에서 적당히 짬을 내어 자기 몸을 관리하자는 개인적 편의주의의 혐의가 짙다. 게다가 사회적 분위기마저도 외모에 대한 관심이 증대되고 있는 만큼, 남자는 근육질의 몸매를 단련시키고 여자는 남성적 시선이 요구하는 날씬한 체형을 가꾸어야 하는 것이 웰빙이라는 단어와 은근하게 결합하고 있다.

건강이라는 말 속에는 최소한 정신적 건강에 대한 배려가 들어가 있어야만 한다. 그동안 이성이 신체를 억압해 왔다고 해서 신체에 대한 관심이 무조건 '정신'에 대한 반대로만 이해될 수는 없다. 건강한 육체에 건강한 정신이 깃들기도 하지만 건강한 정신이 건강한 육체를 만들기도 하는 것이다. 정신적 건강이나 삶에 대한 태도의 변화를 초래하지 않는 웰빙은 결단코 '잘 사는' 삶으로 연결될 수 없다. 육체적 건강에 대한 관심이 지나친 관리로 이어질 때 그것은 또 하나의 억압이 될 뿐이다.

새로운 웰빙의 개념, 로하스

진정한 의미의 웰빙은 가치관의 변화를 수반할 때 이루어진다. 개인주의와 물질적 소비가 만연하고 있는 오늘날, 정신적인 가치의 변화를 추구하지 않는 웰빙은 절대로 웰빙할 수 없을 것이다.

웰빙이 떠오르는 산업으로 여겨지면서 수많은 기업들이 웰빙 시장에 새롭게 진출하고 있다. 이럴 때 웰빙은 '잘 먹고 잘 살자'는 본래의 취지와는 달리 '잘 사 먹고 잘 소비하며 살자'는 소비 트렌드 이상의 의미를 지니지 못한다. 이렇게 된다면 사람들은 웰빙하기 위해서 오히려 전보다 더 많이 소비하며 살아야 할지도 모른다. 웰빙은 개인 중심, 물질 중심, 소비 중심의 가치관과 단절하고 공동선의 추구, 정신적 풍요의 존중, 소비보다는 지속 가능한 생산을 추구하는 운동으로 변화해야만 한다. 최근 이러한 웰빙의 한계를 극복하겠다는 취지에서 로하스라는 개념이 등장하고 있다.

로하스(LOHAS, Lifestyle Of Health And Sustainability)는 '건강과 지속 가능한 삶을 추구하는 라이프스타일' 정도로 번역할 수 있을 것이다. 웰빙의 구호가 '잘 먹고 잘 살자'였음을 감안할 때 한층 더 고민한 개념인 것만큼은 분명하다. 하지만 로하스 또한 소비 중심, 물질 중심의 가치관에 대한 근본적 변화가 없을 경우 고급스런 소비 패턴을 추구하는 경향 정도로 이해될 가능성이 높다. 최근 로하스라는 말이 또다른 접두어로 웰빙 대신 쓰이고 있는 점은 로하스 또한 기업의 마케팅 용어로 전락할 가능성이 높음을 의미한다. 사실, 웰빙과 로하스가 아니더라도 삶의 가치를 고민하는 다양한 운동이 예전부터 존재해 왔었다. 그럼에도 불구하고 물질적 소비의 추구와 정신적 가치의 황폐화는 지속적으로 진행되고 있다. '잘 먹고 잘 사는 일'이 생각보다는 쉽지 않은 것이다. 그러니까 진정으로 웰빙하기 위해서는 웰빙이 무엇인지에 대한 고민부터 먼저 해 보아야 한다. 자칫하면 웰빙 상품만 잔뜩 소비하는, 도무지 웰빙할 수 없는 삶으로 끝날지도 모르는 일이다.

다음 지문은 현대 문명이 당면하고 있는 주요 문제와 그 해결 방안을 모색하고 있다. 제시된 글들을 바탕으로 이 주제에 관하여 자신의 견해를 논술하시오.

제시문

근대 이후 주류 경제학에서는 인간의 욕망은 무한한 것이라고 전제를 하고, 그 무한한 욕망을 어떻게 하면 많이 충족시킬 수 있는가에 초점을 맞추고 있다. 따라서 소비가 경제 활동의 궁극적인 목적이라고 인식하고, 생산 요소들은 소비를 통한 욕망 충족의 수단으로만 생각한다. 그러나 만일 우리가 불교적 관점에서 생각한다면 경제 활동의 목적이 최대의 소비가 아니라 적정 규모의 소비로써 인간 사회의 복지를 극대화하는 데 있다고 할 수 있다.

주류 경제학에서는 인간의 욕망은 가치 중립적이라고 가정하고, 소비를 통해서 이 욕망을 충족시켜 줌으로써 인간의 행복이 달성된다고 본다. 그런데 불교에서는 인간의 욕망을 두 가지로 나누어서 생각한다. 하나는 인간이 생존을 유지하는 데 반드시 필요한 욕망으로 chanda라고 불리는데, 이는 가치 중립적인 또는 좋은 의미의 욕망이다. 이를 '선욕(善欲)'이라고 한다. 다른 하나의 욕망은 흔히 '갈애(渴愛)'라고 번역이 되는 tanha이다. 갈애는 인간의 생존을 위해서 또는 생활을 위해서 반드시 필요한 것이 아니라 그 이상의 지나친 욕망을 말한다. 갈애는 주로 순간적으로는 인간에게 육체적 또는 정신적 만족을 줄 수 있을지 모르나 궁극적으로는 우리의 정신과 육체를 해치는 결과를 가져오는 욕망이다.

인간의 욕망을 이렇게 선욕과 갈애로 구분하여 인식하게 되면 경제학에서처럼 반드시 소비를 통해서 욕망을 충족시키고 이 욕망 충족을 통해서 행복이 얻어진다고 보기가 어렵게 된다. 오히려 소비의 증대가 아니라 적절한 소비를 통해서 또는 갈애를 줄이거나 아예 소멸시킴으로써 진정한 행복〔福祉, well-being〕을 얻을 수가 있다고 보아야 할 것이다. 다시 말해서 소비자의 효용체계나 가치 체계를 단순히 물질적 소비에만 주로 의존하는 전통적인 경제학에서의 모형보다는 훨씬 더 발전되고 현실에 가까운 이론의 전개를 기대해 볼 수 있을 것이다.

　　　　　　　　　　　　　　　　　　—정기문, 〈불교의 욕망관과 경제 문제의 인식〉,
　　　　　　　　　　　　　　　　　　　　　　　　《불교평론》9호 참고

슬로라이프와 느림의 미학

치열한 속도 경쟁과 앞만 보고 달려가는 목표 지향적인 현대 사회에서 느림의 미학이 새로운 시대 정신으로 떠오르고 있다. 새로운 상품 시장을 개척하려는 자본주의의 야심찬 기획 하에 형성된 유행 사조라고 보는 비판의 목소리도 없지는 않지만, '패스트 (fast)'에 역행하자는 '슬로우(slow)' 정신은 편중된 현대인들의 삶에 균형성을 찾아주는 처방약이 될 수 있다.

조깅과 헬스 대신 걷기 운동과 산책이 제시되고, 테이크아웃 커피가 아닌 다도 익히기 열풍이 일고 있다. 이처럼 '슬로라이프'와 '슬로푸드' 현상은 현대 사회의 각 분야에서 과정과 다양성을 인정하는 가치관의 중요성을 부각시키고 있다. 삶을 더 풍성하게 채우고 가꾸는 데 긴 호흡이 필요하다는 것을 상기할 때, 느림의 미학은 아직도 낙오자 혹은 패배자가 될 지도 모른다는 불안감에 차 있는 현대인들에게 시사하는 바가 적지 않을 것이다. 긴 조리 시간을 두고 요리를 기다릴 때, 단정한 사람을 만나는 것 같은 두근거림과 설렘이 올 수 있다는 것은, 여유를 향유할 수 있는 사람만이 누릴 수 있는 특권인 것이다.

13

유목은

새로운

문화적

현상인가?

모 금융 회사의 광고 카피처럼

만약 징기스칸(Jinghis Khan)에게 야망이

없었더라면 그는 중앙 아시아 초원의

목동으로 평생을 마감했을지도 모른다.

그렇지만 야망이 있다고 해서

누구나 전 세계를 제패할 수 있는 것은 아니다.

사실, 몽골은 징기스칸

등장 이전까지만 해도 역사의 무대에

자신의 모습을 제대로 알린 적이 없었다.

징기스칸의 경우만 해도,

그가 본격적으로 몽골의 정치 무대에

등장하기 이전까지는 말 그대로

가족을 보호하고 생계를 책임져야만 하는

작은 유목 집단의 우두머리에 불과했다.

그렇다면 이 보잘것없는

징기스칸의 무리와 몽골 병사들이

어떻게 파죽지세로 전 세계를

정복할 수 있었던 것일까?

몽골 제국의 업적

몽골은 역사상 구대륙의 가장 넓은 지역을 제패한 제국으로 평가된다. 비록 일본 정벌에는 실패했지만 몽골은 고려를 정복했고 단 한 번도 이민족에게 정벌을 당하지 않았던 사라센의 수도인 바그다드를 정복했다. 또한 러시아를 침공했으며 헝가리 평원을 비롯한 오늘날의 동유럽에 해당하는 지역을 정복했다. 이른바 몽골의 핵심 전력으로 평가되는 몽골 기병들은 그야말로 파죽지세의 형세로 아시아의 끝에서 유럽에 이르기까지 실로 광활한 대륙을 정벌해 나갔다. 물론, 당시의 시대적 상황에 비추어 볼 때 몽골의 군사력이 다른 지역의 국가들보다 월등히 탁월했던 것은 사실이다. 그러나 단지 군사력의 우위만으로 몽골 제국의 눈부신 확장을 설명하는 것은 무리가 있다.

몽골은 유목민들로 이루어진 국가이다. 이들은 구세계 정복 전쟁의 와중에서도 유목민의 전통과 문화를 버리지 않았다. 유목민들은 정주하기보다는 끊임없이 이동하는 성향을 지닌다. 이는 몽골의 수도가 따로 없고 황제가 머무는 숙영지, 다시 말해서 징기스칸의 텐트가 수도였다는 점에서도 여실히 나타난다. 물론, 몽골 제국도 징기스칸의 사후에 카라코룸이라는 곳에 자신들의 수도를 건설하였다. 그러나 카라코룸은 몽골 제국의 뿌리가 어디서부터 발원했는지를 알리는 상징적인 성격을 강하게 띤 곳에 불과하였다.

몽골의 유목민들은 정착민들과는 달리 정복 지역을 지배하고 다스리려고만 하지는 않았다. 그들은 반란 세력을 제압하고 항복 선언을 받아내고 조공 계약을 체결한 다음 또다른 목적지를 향해서 이동하였다. 게다가 몽골은 자신들만의 문화와 가치관을 피정복자들에게 강요하지 않았다. 그들은 유목민 특유의 개방성에 입각해서 타 지역의 문화와 전통을 용인해 주는 정책을 폈다. 이는 몽골 제국 내에서 다양한 종교가 인정되고 있었으며, 심지어는 대제국의 황제 앞에서 종교 논쟁을 벌였던 점에서도 잘 살펴볼 수 있다.

사실 몽골은 대제국의 위용에 걸맞은 문화적 전통이 강력한 나라는 아니었다. 이러한 사정 때문에 몽골인들이 자신들의 종교나 가치관을 심하게 강요하지 않았는지도 모른다. 어쨌거나 몽골인들의 이러한 개방적인 태도는 서로 다른 문화와 문명들이 자연스럽게 교류하는 뜻밖의 결과를 가져왔다. 몽골 제국의 성립 이전까지 사실상 교류가 없었던 동양과 서양은 이 새로운 유목 민족의 제국의 성립과 더불어 마침내 서로의 존재를 인식하고 활발한 교역과 인적 교류의 시대를 맞이할 수 있었다. 몽골은 서로 동떨어져서 존재하던 문명 간의 다리를 놓아 주었다는 점에서 세계 문명사의 발전에 커다란 한 획을 긋는 역할을 하였다. 몽골 이전의 문명권은 지리적, 군사적 한계로 인해서 제한된 지역 내에서의 발전에 그치고 있었다. 그러나 몽골 제국의 등장으로 말미암아 이제 서로 다른 문명들이 본격적으로 교류하는 시대를 맞이한 것이다. 몽골 제국이 정복 전쟁과 동시에 펼쳐 놓은 무역의 경로인 실크로드는 이후 동양과 서양의 문물을 잇는 가교의 역할을 하면서 동서양의 문화를 접목시켜 주었다.

　이후, 몽골 제국은 급속한 몰락의 길을 걷지만 이들 유목민들이 펼쳐 놓은 서로 다른 문명들 간의 교류는 활발하게 전개되었다. 어쩌면 서양 문명의 급속한 발전 또한 몽골 제국의 성립 없이 설명하기 어려울 지도 모른다. 이제 정착민들이 창조해 놓은 각각의 문명들은 유목민들이 열어 놓은 새로운 길을 따라 자연스럽게 섞이게 되었다. 문명이나 문화의 발전에서 창조만이 중요한 것은 아니다. 문명과 문화가 발전하기 위해서는 타 문화와의 교류가 필수적으로 전제되어야만 한다. 그리고 이러한 문명 발전의 길을 열어 놓은 것은 다름 아닌 유목민들의 업적이라고 할 수 있다.

문화와 문화를 연결하는 유목 정신

　그리스 신화에서 상업과 도적의 신으로 알려진 인물은 헤르메스(Hermes)이다. 헤르메스는 제우스(Zeus)의 명령을 받아서 전달하는 전령의 신이기도 하다. 그는 자신의 말이 아니라 제우스의 말을 전파하는 역할을 맡고 있다. 어느 날 헤르메스가 길을 가다가 두 마리의 뱀이 서로 싸우는 장면을 목격하고 자신이 들고 다니는 지팡이를 던져주었는데, 두 마리의 뱀은 지팡이에 몸을 휘감고 싸우는 바람에 서로의 얼굴만 쳐다본 채 더 이상 공격을 할 수 없는 상황에 처했다고 한다. 이러한 이유 때문에 헤르메스의 지팡이에는 서로 노려보고 있는 두 마리의 뱀이 그려져 있다.

상업과 도적의 신이라는 점에서도 알 수 있듯이 헤르메스는 유목민의 신이다. 그리고 몽골 제국이 동서양의 두 문명을 교류시켜 준 것과 마찬가지로 헤르메스 또한 반목하고 있는 두 마리의 뱀을 하나의 지팡이에 연결시켜 주는 교량의 역할을 하고 있는 것이다. 그래서인지 몰라도 오늘날 그리스의 신 중에서 가장 주목을 받고 있는 신은 바로 이 헤르메스이다. 그는 자신의 입장을 이야기하는 것이 아니라 서로의 입장을 이해하고 중재하는 역할을 맡으며, 한 곳에 머무르는 것이 아니라 메신저의 역할에 걸맞게 이곳저곳을 돌아다닌다. 비록 그가 자신의 주장을 말하는 경우는 거의 없지만 그리스 신화의 전체적인 구성 요소상 절대적으로 빠질 수 없는 것이 헤르메스의 역할이다. 헤르메스는 유목민처럼 서로 떨어져 있는 신들의 사이를 날아다니며 의사소통의 채널을 만들고 상호 이해와 교류의 역할을 담당한다.

몽골 제국이나 헤르메스의 사례에서 알 수 있듯이 유목은 서로를 이어 주는 교량의 역할을 하며 끊임없이 이동하고자 하는 속성을 지닌다. 정착민들이 생존을 위해서 자신의 영토와 문화를 수호하려고 하는 반면에, 유목민들은 이러한 영토적 구분의 경계선을 자유롭게 넘나든다. 구속받지 않고 자유로운 유목민들의 기질은, 오늘날 안정되어 보이지만 제한된 삶이나 미리 사회적으로 굳어진 가치관의 강요 속에서 살아가기를 거부하고자 하는 사람들에게 새로운 삶의 대안으로 재해석되고 있다.

프랑스의 철학자 들뢰즈(G. Deleuze)의 표현에 따르자면, 유목은 장기보다는 바둑에 가까운 삶이다. 장기는 각각의 말들이 미리 주어진 역할과 정해진 길에 따라서 움직이는 놀이이다. 정착민들의 속성을 반영한 장기는 놀이 규칙의 특성상 어떠한 일탈도 허용하지 않는다. 반면에 바둑은 각각의 바둑돌에게 사전에 규정된 역할이란 존재하지 않는다. 그들은 서로 어울려서 세력을 형성하고 심지어는 남의 집에도 쳐들어가서 자신의 집을 짓기도 한다. 이러한 점에서 볼 때 장기가 정착민의 삶과 유사한 속성을 지니고 있다면, 바둑은 유목적 삶을 의미한다.

유목적 삶에서 중요한 것은 상황과 맥락의 변화에 따라서 늘 새롭게 가치를 창조하는 것이다. 들뢰즈가 들으면 깜짝 놀랄 일이겠지만 오늘날의 기업들이 징기스칸과 유목민적 정신을 강조하는 것도 이러한 맥락에서이다. 급격한 환경의 변화가 일상 다반사로 벌어지고 있는 오늘날의 기업 환경에서 과거의 고정관념에 얽매이는 일반적인 기업 활동은 곧 전쟁에서의 패배를 의미한다. 따라서 기업들은 변화무쌍한 환경 변수에 능동적으로 대처할 수 있는 유목민적 정신을 필수적인 덕목으로 요구하고 있다.

오늘날의 유목민, 디지털 노마드

그렇다면 오늘날의 유목민들은 누구일까?《호모 노마드 : 유목하는 인간》의 저자인 자크 아탈리(Jacques Attali)는 유목민을 크게 자발적 유목민과 비자발적 유목민으로 나누고 있다. 자발적 유목민은 경제적 이유와는 상관없이 자유롭게 국경을 이동하며 사회적으로 미리 주어진 가치관의 강요를 벗어나고자 하는 사람들이다. 서구에서 등장했던 보헤미안과 같은 부류들이 자발적인 유목민의 대표적인 사례라고 할 수 있다.

흔히 보헤미언은 집시와 같은 천대받는 유목민들의 집단쯤으로 이해되기도 한다. 실제로 나치의 히틀러는 독일 정착민을 보호한다는 명목 아래 유럽의 대표적인 유목민인 집시들을 강제 수용소로 보내기도 하였다. 그러나 역사적으로 볼 때 보헤미안은 집시와는 다른 개념이다. 집시들이 생존의 목표 때문에 떠돌아다니는 삶을 선택한 비자발적 유목민에 가깝다면, 보헤미안은 자발적으로 유목과 이동을 선택했다고 할 수 있다. 이들은 주로 경제적인 부담이 없고 예술을 좋아하면서도 부르주아적 품위와 가치관에 얽매이지 않는 자유로운 기질을 지닌 사람들을 의미한다. 보헤미안들은 자본주의 사회의 대표적 정착민인 부르주아들이 사회적 성공이나 부와 명예에 집착하는 것과는 반대로 자유로운 가치관과 이동을 선호한다. 오늘날 경제적인 부를 성취하였음에도 불구하고 모험과 이동을 선호하는 집단을 보보스 족이라는 이름으로 부르는 것도 이러한 의미에서이다.

보보스(Bobos)는 보헤미안과 부르주아의 합성어이다. 비단 보보스 족만이 아니라 많은 사람들이 자신들이 살고 있는 영토와 국경을 떠나서 다른 곳으로 이동하고 싶어 한다. 이러한 자발적 유목민들의 특징은 경제적인 목적 때문에 이동하는 것이 아니라는 점이다. 이들은 주로 전문직 종사자들이나 자유 업종에 종사하는 사람들이 많으며 비록 생활 수준을 낮추더라도 여유 있는 삶을 향유하고자 하는 다운쉬프트 족들 사이에서도 많이 찾아볼 수 있다.

한편, 비자발적 유목민은 전(全)지구적 자본주의 세계 체제의 등장이나 세계화와 많은 관련을 맺고 있다. 특히 세계화의 진전은 영토 중에서도 가장 강력한 구획선을 의미하는 국경선을 넘나드는 이동을 활발하게 만들었다. 주로 외국인 노동자로 대표되는 국경을 이동하는 자들의 존재는 이제 보편적인 현상이 되었으며 이들은 주로 경제적인 이유에서 국경을 넘나든다는 의미에서 비자발적 유목민으로 분류할 수 있다. 현대의 비자발적인 유목민은 경제적 문제의 해결을 최우선의 과제로 삼고 있으며 주로 제3세계에서 선진국으로 이동하며 블루칼라와 같은 육체 노동에 종사한다.

한국 사회에도 조선족 노동자들이나 동남 아시아의 노동자들이 대부분 육체 노동에 종사하고 있으며, 나이지리아와 같은 서아프리카 출신의 비자발적 유목민들 또한 쉽게 찾아볼 수 있다. 외국인 노동자들뿐만 아니라 국가 내의 노동자들 역시 산업적 환경 변화와 고용 불안 등을 이유로 국가 내에서의 이동을 강요받는다. 이들은 비록 국경을 넘나들지는 않지만 경제적인 이유 때문에 어쩔 수 없이 이동하거나 이사를 하게 된다는 점에서 비자발적 유목민의 범주에 포함시킬 수 있을 것이다.

이러한 비자발적 유목민의 급증은 오늘날의 시장 경제가 가진 불안의 징후를 보여 준다. 비자발적인 유목민들이 주로 사회의 하층 계급을 구성하게 됨으로써 이들보다 상위 계층이 있는 기존의 정착민들과의 대립과 반발이 심화될 것이다.

'디지털 노마드(digital nomad)'라는 개념은《호모 노마드 ; 유목하는 인간》의 저자인 자크 아탈리가《21세기 사전》이라는 책에서 최초로 주장한 개념이다. 정보 기술의 발달과 인터넷의 급속한 성장은 아탈리의 표현처럼 '전자 유목민'이라는 새로운 집단을 탄생시켰다. 웹 서핑이나 하이퍼링크라는 용어에서 알 수 있듯이 인터넷은 유목 문화와 상당한 관련성을 지니고 있다. 언어적인 장벽만 없다면—아탈리는 이 문제에 대해서도 머지않은 장래에 컴퓨터 번역 기술의 발전을 통해서 극복 가능하다고 말하고 있지만—누구나 자유롭게 전 세계에 있는 웹 페이지들을 검색할 수 있으며 하이퍼링크가 지시하는 대로 언제든지 자유롭게 페이지 사이를 건너뛸 수 있다. 이러한 디지털 노마드들은 첨단 장비인 노트북이나 PDA 등을 사용해서 언제든지 자유롭게 시스템과 접속할 수 있다.

21세기는 어쩌면 자크 아탈리의 말처럼 디지털 유목민들의 시대가 될지도 모른다. 이들은 온라인과 오프라인의 두 가지 영역에서 공공연하게 네트워크와 국경을 이동하게 될 것이다. 이들은 자신이 원하는 때에 언제든지 접속할 수 있기 때문에 고립을 두려워하지 않으며, 디지털 장비들의 도움을 받아서 그 어느 때보다 자유롭게 유목할 수 있는 물질적 기반을 가지고 있다.

인터넷이 현대인의 삶에 엄청난 변화를 초래한 것은 사실이지만 디지털 노마드들이 가져올 새로운 문명 상의 변화는 지금까지의 변화보다 더 큰 변화일지도 모른다. 한국은 세계적인 차원에서도 유례가 없을 만큼 빠른 속도로 디지털 문화를 받아들여온 나라이다. 따라서 디지털 노마드들이 초래할 새로운 삶의 형태가 가장 먼저 드러나는 곳이 한국일 가능성 또한 배제할 수 없다.

21세기 유목 문화의 재탄생

지금까지 문명과 역사를 발전시켜 온 주체는 정착민들이라고 보는 견해가 지배적이었다. 유목민들은 제대로 정착하지 못한 채 역사와 문명의 언저리를 떠돌아다니는 야만인들이자 주변적 존재에 불과한 것쯤으로 여겨졌다. 역사는 철저하게 정착민들의 입장에서 기술되었으며, 고정적인 영토조차 변변히 확보할 수 없었던 유목민들의 역사는 바람과 함께 사라져버릴 운명인 것으로 받아들여졌다. 사실, 징기스칸의 일대기를 다룬 몽골 비사는 갖은 탄압 속에서 간신히 살아남았으며 기록 문화를 제대로 발전시키지 못했던 유목민들의 역사는 구전 속에서 사라져 버릴 것처럼 보였다. 정착은 언제나 수호되어야만 할 가치였고, 유목은 떠돌이나 방랑자가 의미하는 것처럼 철저히 배제되어야 할 것으로 받아들여졌다.

그러나 최근의 연구에 따르면 인류의 문명 교류에서 가장 결정적인 역할을 한 것은 다름 아닌 유목민들이었다. 고정된 길을 따르지 않고 자유롭게 흘러다니는 유목민들의 삶의 흐름을 타고서 서로 다른 정착민들의 문명이 교류되고 뒤섞일 수 있었다. 개별적인 문명들은 서로 다른 문명의 자극을 받아서 새로운 문화를 창조할 수 있는 에너지원을 얻게 되었다. 유목민 혹은 유목적인 문화는 단순히 이동만을 뜻하는 것은 아니다. 그들은 정착민과는 달리 불모의 땅을 생성의 땅으로 바꾸며 끊임없이 새로운 것을 창조해 나간다. 그리고 이러한 유목적 정신이야말로 디지털 문명으로 표현되는 21세기의 가장 중요한 가치가 될지도 모른다.

유목민들은 사막을 건너야 한다. 그들은 길이 없는 곳에서 새로운 길을 창조하고 자신들이 지나온 길이 거친 모래바람에 다시 파묻히더라도 미련을 두지 않고 끊임없이 이동해야 한다. 오아시스는 유목민들의 목적지가 아니라 잠시 쉬어 가는 곳일 뿐이다. 유목민들의 목적은 정주가 아니라 끊임없는 이동 그 자체다. 따라서 유목민들은 고정된 삶의 의미를 거부하고 끊임없이 새로운 가치를 창조해야만 한다.

지금까지의 인류 역사가 정착적 기질에 높은 점수와 가치를 부여했다면, 앞으로의 역사는 유목적 기질과 문화에 더 높은 가치를 부여할지도 모른다. 고정된 의미, 고정된 가치, 고정된 삶의 패턴을 거부하고 전혀 다른 새로운 계열의 삶을 만들어 내는 것이 유목의 궁극적인 목표다. 자크 아탈리에 따르면, 유목은 인류의 탄생과 함께 시작되었다고 한다. 그리고 21세기에 들어선 지금 다시금 유목적 문화와 유목적 삶의 가치가 부각되고 있다. 유목이 과연 새로운 철학적 대안이나 문화적인 가치가 될 수 있을지는 좀 더 두고 볼 일이다. 그러나 우리 사회의 곳곳에서 엿볼 수 있는 유목 문화와 유목적 기질의 증대는 이러한 현상이 일시적인 유행으로 끝나지는 않을 것임을 반증하고 있다. 어쩌면 인류는 디지털 문명의 등장이라는 새로운 시대와 더불어 다시금 사막을 건너가고 있는 중인지도 모른다.

제시문 (가)와 (나)를 읽고, 접속의 시대에 나타날 수 있는 긍정적 또는 부정적 측면의 인간 관계 중에서 하나를 선택하여, 구체적 사례를 들어 논증하시오.

제시문 (가)　　과학이 발달하기 전만 해도 이러한 것들(출제자 주 : 만족과 효용)을 느끼기 위해선 대상물을 소유하는 방법밖에 없었다. 실제로 가지고 있어야 접속할 수 있고 그래야 추억과 효용을 느낄 수 있으니까 말이다. 하지만 과학이 점점 발달하면서 그 대상물을 소유하지 않고도 접속할 수 있는 기술이 발달했다. 이제 '소유의 종말'의 시대가 서서히, 그러나 아주 갑작스럽게 우리 주변에 도래하고 있는 것이다. 사이버 머니 덕분에 지폐를 소유하지 않고도 물건 값을 지불할 수 있고, 직접 그곳에 가지 않아도 인터넷에만 접속하면 세계 각국의 정보를 입수할 수 있게 됐다. 이러한 과학의 발전은 몰상식하게도 아예 실존하지 않아도 접속만을 통해 대리만족을 얻을 수 있게 되었다. 앞으로 우리는 어쩌면 오시이 마모루의 영화 '아바론'에서처럼 가상의 세계에서 현실 세계로 나오기를 영원히 거부할지도 모른다.

―김의경, 〈소유하지 않아도 즐길 수 있는 시대〉,
중앙일보, 2004. 02. 28

제시문 (나)　　접속의 시대는 새로운 유형의 인간을 몰고 온다. 바다의 신이자 변화 무쌍한 모습을 가졌던 그리스 신화의 프로테우스처럼 새로운 〈프로테우스〉 세대의 젊은이들은 전자 상거래와 사이버스페이스 세계에서 이루어지는 사업에 아무런 거부감이 없으며 그 속에서 펼쳐지는 사교 활동에도 적극적으로 참여한다. 그들은 문화 경제를 구성하는 수많은 시뮬레이션 세계에 척척 적응한다. 그들에게 익숙한 세계는 이념적 세계가 아니라 연극적 세계이다. 그들의 의식은 노동 정신보다는 유희 정신에 기울어 있다. 그들에게 접속은 이미 생활의 일부가 되었다. 재산도 중요하지만 연결된다는 것이 훨씬 더 중요하다. 21세기의 인간은 관심을 공유하는 사람들로 이루어진 네트워크의 교점이라는 의식으로 살아갈 것이고, 다윈이 말한 적자생존의 경쟁이 치열하게 벌어지는 세계에서 자율적으로 살아가는 주체라고 스스로를 생각할 것이다. 그들이 생각하는 개인적 자유의 의미는 소유권이라든지 남들의 간섭에서 벗어나는 능력과는 점점 거리가 멀어질 것이다. 대신 상호 관계의 그물망에 포함될 수 있는 권리로서의 의미가 점점 부각될 것이다. 그들은 접속의 시대를 살아가는 첫 번째 세대이다.

— 제러미 리프킨, 《소유의 종말》

유목은 제국주의의 변형된 이데올로기 인가?

프랑스의 철학자 들뢰즈의 작은 논문 '리좀'(천 개의 고원의 서문)이 발표된 이후 이제 유목주의 혹은 노마디즘은 동시대의 트렌드가 되었다고 할 수 있다. 모 전자회사의 노트북 광고에서도 이미 디지털 유목민이라는 말을 사용하고 있으며, 오늘날의 문화적 현상을 유목이라는 키워드로 풀어 보기 위한 다양한 담론들이 등장하고 있다. 바야흐로 유목의 전성시대인 것이다. 그러나 이러한 유목 대 정착의 대립이나 유목적 문화와 현상에 대해서 차가운 시선으로 바라보는 시각 또한 엄연히 존재한다.

들뢰즈는 유명한 바둑과 장기의 비유를 통해서 바둑은 유목민적 특성을 지니고 있고, 장기는 정착민의 특성을 지닌다고 밝힌 바 있다. 특히 바둑은 심지어 남의 집 속에서 들어가서 자신의 집을 짓기도 한다는 점에서 진정한 유목적 놀이라고 표현하였다. 그러나 이러한 유목적 특성에 대한 긍정적인 평가 속에는 정착민의 평화적 속성보다는 유목민의 전쟁적 속성을 찬양하고 있다는 비난을 받을 소지가 있다.

자크 아탈리는 미국을 대표적인 정착민 국가의 형태로 보고 있지만 국제적인 관계의 측면에서 볼 때 미국은 최소한의 룰도 지키지 않는 막무가내 유목민 국가처럼 보이기도 한다. 자칫, 유목적 문화에 대한 지나친 찬양은 정착민이 지니고 있는 평화적, 순응적, 자연친화적 세계관을 지나치게 무시한다는 비판이 가능하다. 물론, 들뢰즈가 주장하는 노마디즘이란 체계와 시스템의 재영토화의 압력에도 불구하고 끊임없이 탈주하고자 하는 탈영토화의 에너지를 철학적으로 표현한 것이다. 그러나 유목적 문화의 대중적 파급 현상은 이러한 철학적 의미는 완전히 탈색시킨 채 막연한 트렌드로서의 유목만을 강조하게 되는 부정적 측면이 있다.

비록 영토화라는 비판에서 자유로울 수는 없겠지만 정착 문화가 쌓아온 긍정적인 측면 또한 전적으로 무시되어서는 안 된다. 들뢰즈는 자본주의의 끊임없는 재영토화를 경계하고 있지만, 어떤 의미에서 보자면 유목은 제한된 욕망의 탈주만을 인정하는 자본주의적 욕망 관리 시스템의 일부인지도 모른다. 그럴 때 유목은 자칫 자본주의의 가장 극단적인 형태인 제국주의의 변형된 이데올로기로 기능할 소지가 있음 또한 부인하기 어렵다. 오늘날 외국인 노동자로 대표되는 저 부유하는 유목민들이야말로 대표적인 제국주의의 작품이 아니던가.

14

통속성은

배격되어야만

하는가?

문화를 구분하는 가장 쉬운 방법은

고급문화와 대중문화이다.

고급문화는 최소한의 예술적 소양을 전제로

하고 있으며 대중의 싸구려 취향에 영합하지 않는다.

모름지기 예술이란 인간성의

고귀한 측면을 다루어야 하는 것이며

철학자 칸트가 말한 것처럼

'무목적의 목적성'인 예술 자체의 미학을

추구해야만 한다. 이러한 고급문화와 대중문화의

구분은 단순히 예술 자체의 구분으로만

끝나는 것은 아니다. 사회적으로 볼 때

고급문화의 향유층은 아무래도 지식인이나

사회적 상류 계층이 주류를 이루게 된다.

따라서 예술적인 측면에서 고급문화는

대중의 즉각적 욕망이나 싸구려 예술적인 취향과는

품격을 달리 하게 된다.

다른 말로 하자면

고급문화는 문화의 민주화를 반대한다.

문화와 자본

　보다 많은 사람에게 다가가는 예술이라는 것은, 사실은 고상한 예술적 취향의 눈높이를 대중의 취향으로 끌어내리는 것을 의미한다. 이럴 때 예술은 자신만의 독자적 가치를 추구하는 독립적인 창조 활동의 소임을 포기하는 것으로 이해된다. 고급문화의 입장에서 볼 때 대중문화는 잘해 봐야 예술적 타협으로 이해될 것이며, 보다 극단적으로 이야기하자면 대중의 보잘것없는 욕망에 예술을 팔아먹는 매춘 행위로 여겨지게 된다.

　매스 미디어의 발달과 함께 시작된 대중문화는 철저하게 대중의 욕망에 영합하는 전략을 취한다. 문화는 즉각적인 욕망을 충족시켜야 하는 것이며, 현실에서 달성할 수 없는 욕망의 대리 만족이라는 자신의 소임을 가급적 숨기려 하지 않는다. 대중문화는 자신이 상업성의 노예임을 공공연하게 드러내기도 한다. TV 드라마에서는 예술적 성취도보다 대중의 즉각적인 반응인 시청률이 훨씬 더 중요하다. 대중소설 또한 문학적 완성도보다는 대중들의 실질적인 구매 여부, 즉 베스트셀러의 목록에 올라 있는지의 여부가 중요한 기준이다. '문화의 민주화'의 대표적인 장르라고 볼 수 있는 영화 산업 역시 자신의 목표가 흥행 순위의 상위에 오르는 것임을 분명하게 선언한다. 특히 많은 돈을 투자해서 최대의 수익을 노리는 블록버스터 영화들의 경우, 관객 동원 수가 곧바로 그 영화의 성공 여부를 의미한다. 문화 예술 또한 엄연하게 자본주의의 시장 질서 내에서 존재하는 것이 분명한 사실인 만큼 보다 많은 사람들이 보다 많이 향유하는 작품이 좋은 예술이라는 비교적 단순하지만 설득력이 있는 주장이 대중예술을 옹호하는 이론적 배경이 된다.

독일의 철학자 아도르노(T. W. Adorno)가 이른바 '문화 산업'이라는 현상에 대해서 날카롭게 지적한 지도 벌써 반세기가 지났다. 물론 아도르노의 입장에서야 인간이 지켜야 할 최후의 정신적 보루라고 할 수 있는 문화와 예술의 영역마저 자본과 이윤의 손에 넘어가고 있는 현실이 개탄스러웠을 것이다. 그러나 아도르노의 비판과는 별도로 현실은 엄연한 현실이다. 이제 문화는 결코 자본과 동떨어져서 존재하지 않는다. 그렇다면 문화의 목표가 자본임을 공공연하게 주장한다고 해서 나쁠 것도 없지 않은가?

고급예술과 대중예술의 구분

고급예술의 입장에서 보자면 대중예술의 이러한 노골적인 상업적 태도의 천명은 예술의 고귀함 자체를 뒤흔드는 발칙한 일일 것이다. 예술이란 어디까지나 뼈를 깎는 노력과 천재적인 영혼의 결합으로 이루어지는 것이며, 그 어떠한 자본도 레오나르도 다빈치(Leonardo da Vinci)의 미술 작품을 만들어낼 수는 없다. 또 베토

벤의 합창 교향곡과 같은 작품은 예술적 천재성 없이는 결단코 창조될 수 없는 것이다. 그러나 대중예술은 고급예술의 이러한 예술 지향적, 순수 예술주의적 담론을 자기 기만의 위선이라고 깎아 내리기를 주저하지 않는다.

오늘날 순수 예술을 표방하는 고급문화의 영역만큼 상업성의 노예가 되어 있는 곳도 사실은 없을 것이다. 미술품 경매 시장에서 과거의 예술가의 작품은 물론 현재 살아 있는 동시대 화가들의 작품 또한 천문학적인 금액으로 거래가 이루어진다. 비교적 순수 예술 분야라고 일컬어지는 클래식 음악계의 경우도 마찬가지다. 잘 알려진 유명 연주자나 세계적인 지휘자들이 단지 한 곳에 머무르면서 자신의 작품 활동을 하고 있는 것은 아니다. 그들은 전 세계를 돌면서 고급예술이라는 자신의 상품을 팔고 있다. 도대체 메탈리카의 라이브 공연과 쓰리 테너의 라이브 공연에서 무슨 차이가 있을 수 있는가?

대중예술의 입장에서 볼 때 고급예술이 대중예술을 상업적이라고 비판하는 것은 받아들이기 어려운 논리이다. 고급예술이 스스로 상품과 예술의 경계를 넘나들면서 말 바꾸기를 하는 것은 자신의 가치를 더욱 높이기 위한 고도의 전략에 불과하다. 어떤 의미에서는 고급예술이야말로 가장 상업성이 짙은 예술이라고도 말할 수 있을 것이다.

그러나 상업성의 여부만으로 고급예술과 대중예술의 경계를 나누는 것은 어려운 일이다. 사실 자본주의의 발달과 예술의 상업화는 그 맥을 같이 해 왔다고도 볼 수 있다. 흔히 파트롱(patron)이라고 불리는 예술인 후견자의 상실은 자본주의 시대의 예술가에게 시장에서 자신의 상품을 판매해야만 하는 가혹한 상황을 만들었다.

도스토예프스키가 아무리 천재적인 소설가였다고 할지라도 그의 작품을 읽어 주는 독자와 그의 도박 빚을 인세로 해결해 줄 수 있는 출판업자의 존재를 염두에 두지 않은 것은 아니다. 비교적 시장과 거리를 두고 있었던 카프카와 같은 작가마저도 자신의 작품에 대한 익명의 독자의 반응을 완전히 무시할 수는 없었다. 결국 자본주의 사회에서 시장에 자신의 모습을 드러내지 않는 예술 작품은 존재하지 않는다. 바흐의 무반주 첼로 모음곡은 시장을 염두에 두고서 작곡했던 것은 아니었지만 첼리스트 파블로 카잘스(P. Casals)가 이 악보를 찾아내 연주하고, 마침내 기념비적인 EMI 레코딩을 마친 이후부터 무반주 첼로 모음곡 또한 시장의 영향에서 자유로울 수만은 없는 것이다. 결국 상업성만으로 대중예술을 논박하기에는 고급예술 또한 상업적인 영역에서 자유롭지 않다는 한계점을 지닌다.

통속성과 문화

이럴 때 통속성은 고급예술이 대중예술을 논박할 수 있는 또 하나의 근거가 된다. 비록 상업적인 목표가 없다고는 하지 않더라도 고급예술은 최소한 대중의 즉각적인 욕망을 채우는 데 봉사하지는 않는다. 고급예술은 대중의 통속적인 열정과 욕망을 보다 순화되고 고상한 차원에서 채워 주는 것이다. 결국 일상의 욕구로부터 비판적인 거리감을 통해서 예술적인 희열과 카타르시스를 제공하는 것이 고급예술의 목표이다. 하지만 대중예술은 전혀 그렇지 않다.

대중예술은 키치(Kitsch, 통속 취미에 영합하는 예술 작품을 가리키는 말)라고 불리우는 대중의 싸구려 취향과 사이비 정서에 기대어서 자신의 입지를 강화시킨다. 다시 말해서 대중예술은 대중의 욕망에 직접적으로 영합함으로써 자신의 목표를 달성한다. 고급예술이 여전히 '예술은 일상적 삶에 충격을 주는 것'이라는 구호에 자신의 지향점을 두고 있다면, 대중예술은 '욕망의 즉각적인 해소'를 목표로 한다. 따라서 대중예술은 예술이기를 스스로 포기하는 것이다.

어떠한 경우에도 예술은 욕망의 노예가 되어서는 안 된다. 최소한 예술은 욕망을 보다 높은 곳에서 다스리는 그 무엇이어야 한다. 그러나 대중예술은 통속적인 가치를 옹호하고 무의식적인 욕망을 노골적으로 드러냄으로써 예술이 가지는 비판적인 기능을 마비시키고 대중을 욕망의 노예로 만드는 데 봉사한다.

대중예술이 통속적인 가치를 옹호한다는 것은 상투성(常套性)에 기반을 두고 있다는 것을 의미한다. 상투성이란 비판적 해석의 여지를 의도적으로 봉쇄하는 것이다. 그것은 대중예술이 기반하고 있는 그 사회의 가치 체계를 그대로 수용하고 이를 반영한다. 상투성이란 '뻔한 것'이다. 뻔한 사람들이 나와서 뻔한 시련을 겪고 뻔한 결말에 이르게 되며 이 뻔한 결말을 통해서 대중들은 뻔한 감동을 받는다. 따라서 상투성과 대중예술은 이른바 센티멘탈리즘

(sentimentalism)과 쉽게 결탁하게 된다.

상투성은 이성적 개입의 여지를 제공하지 않는다. 그것은 뻔한 스토리와 이야기 전개를 통해서 대중들을 싸구려 감상주의와 눈물샘의 포로로 만들고자 한다. 여주인공은 언제나 비련의 운명을 타고난 인물이어야 하며, 사랑은 언제나 삼각 관계이어야 하고, 악당은 언제나 악당이어야만 한다. 물론 결말은 해피 엔딩이거나 아니면 비극적인 결말로 끝이 나야 한다. 대중들은 예술을 통해서 삶을 근본적으로 되돌아보기를 원하지 않는다. 예술은 단지 피곤한 삶의 일시적인 위안거리로 작동하면 그만이다. 그리고 오늘날과 같이 일상의 스트레스가 많은 시대에서 예술이 최소한 이 정도의 위안거리로만 봉사하는 것도 훌륭한 일이 아닌가?

어쨌거나 고급예술이 예술적 가치를 최우선으로 삼는 데 비해서, 대중예술은 위안과 욕망의 대리 만족이라는 통속적 가치를 목표로 한다. 그리고 이러한 대중예술의 통속성은 싸구려 감성에의 영합(키치), 상투적인 내용들의 결합(클리셰, 진부한 표현이나 고정관념을 뜻하는 말), 즉각적 감정에의 호소(센티멘탈리즘)를 통해서 달성된다.

그러나 고급예술이 대중예술을 즉각적인 욕망에의 영합이라고 비판하는 이면에는 고급예술이 지니고 있는 엄숙주의가 존재하고 있다. 모름지기 예술이란 고결한 인간성을 드높이는 순수한 정신적 활동이어야 하며 이러한 수준에 도달하지 못하는 예술은 사실상 예술이 아니라는 식의 엄숙주의는 고급예술을 저급한 대중예술로부터 보호하는 장벽이 된다. 하지만 예술이 반드시 저급한 욕망을 억압하고 고결한 인간성을 드높여만 하는 것은 아니다. 오히려 예술은 억압되어 있는 욕망을 적극적으로 표현하고 반영한다. 흔히 표현의 자유와 사회적 책임의 문제로 이해되고 있는 미와 윤리의 문제는 사실상 욕망의 표현과 사회적 억압의 문제로 이해될 수 있다. 실제로 미란 그 사회가 지니고 있는 공공연한 억압 체계와는 대척점(對蹠點)의 위치에 선다. 미란 억눌린 욕망의 표현을 통해서 자신의 가치를 드러낸다.

어떤 사회든지 나름의 윤리적 체계와 도덕적인 가치를 지니고 있으며 이를 사회 구성원에게 강요하게 된다. 이럴 때 통속성과 욕망의 직접적인 표현은 이러한 윤리적 도덕적 억압체계를 정면에서 거부하게 된다. 인간은 윤리적인 존재임과 동시에 욕망의 존재이기도 하다. 따라서 통속성은 이러한 욕망의 억압에 대항하는 기능을 한다. 모든 사람들이 사회가 요구하는 드높은 윤리적, 도덕적 가치를 체현하고 살 수는 없는 노릇이다. 사실상 사람들의 삶은 통속성의 영역에 가로 놓여 있으며, 이러한 욕망을 대중예술이 적극적으로 표현해 줌으로써 해방감을 느끼게 된다. 또한 통속성은 비단 나 혼자뿐만이 아니라 많은 사람들이 나와 동일한 욕망을 느끼고 있음을 공공연하게 확인시켜 준다. 이럴 때 대중예술은 대중의 욕망의 지점을 드러내 주는 바로미터가 되며 사회적인 억압 체계와 정면으로 맞서는 대항 문화의 성격을 띠게 된다. 고급예술이 그 사회의 지배적 위치에 입각한 엄숙주의를 강조하는 반면에 대중예술은 의도적으로 저급한 욕망의 편에 섬으로써 엄숙주의가 지닌 위선과 기만의 틀을 벗겨 버리는 작용을 한다.

흔히 B급 문화라고 불리는 대중예술의 가장 저급한 문화적 취향은, 역설적으로 그 사회의 지배적 억압 체계를 공공연하게 비판하는 기능을 지닌다. B급 문화의 장르 속에서 욕망은 공공연하게 표현되고 지배적 가치 체계에 대해서 노골적인 비아냥거림을 서슴지 않는다. 저급한 취향에 대한 과잉 강조는 B급 문화 속에서 '그래 나는 원래 이렇게 생겨 먹은 놈이다.'라는 강력한 정체성의 표현으로 돌변한다. 뿐만 아니라 B급 문화는 고급예술이 지니고 있는 문화적 엄숙주의에 대해서도 직접적인 비판의 칼날을 겨눈다. 어떤 의미에서 보자면 오늘날의 고급예술이야말로 가장 위선적이며 기만적인 문화 상품이다. 고급예술 또한 상업성과 욕망의 문제에서 자유로울 수 없음에도 불구하고, 예술이라는 허울 좋은 구호 아래 자신의 본모습을 감추며, 예술적 교양 운운하면서 대중들을 억압적 가치 체계에 순응하게 만들고, 자신들의 예술을 보다 더 높은 서열로 자리매김하고자 한다. B급 문화와 같은 노골적인 취향에의 호소는 이러한 지배적 가치 체계가 지니고 있는 위선의 지점을 적극적으로 폭로하는 것이다.

복고풍이 유행인 것과 이른바 '촌티 패션'이 유행인 것에는 조금 다른 측면이 있다. 복고에는 '그 시절이 좋았어.'라는 과거에 대한 막연한 향수와 그럼에도 불구하고 '지금도 여전히 살 만해.'라는 현실적 만족감과 안온함이 공존한다. 낭만주의가 과거에의 회귀를 적극적으로 그리워하는 것과는 달리 일반적인 복고의 유행은 마치 주말 여행과도 같은 기분 좋은 과거로의 시간 여행의 느낌을 지닌다. 따라서 복고는 과거에 대한 향수 안에서 현실에의 에너지를 재생산할 수 있는 동력을 발견하거나, 혹은 현실이 주는 피로감을 과거에의 복고를 통해서 회복하고자 하는 이중적 운동이 작용하고 있다. 그러나 이러한 기분 전환식 과거 여행 속에서도 과거의 저급한 욕망과 싸구려 취향에 대한 노골적인 향수를 보여 주는 B급 취향의 흐름은 직접적인 현실 비판과 관련이 있다.

7,80년대를 다룬 대부분의 영화나 드라마들이 다분히 복고가 주는 현실 중화적인 취향을 드러내고 있는 것과는 반대로, '촌티 패션'과 같은 노골적인 싸구려 취향에의 경도는 오늘날의 현실이 지니고 있는 억압의 측면을 공공연하게 비판한다. 다시 말해서 과거의 시점에서도 그다지 지배적 가치로 인정받지 못했던 저급한 취향을 다시 한 번 역사의 무대에 재등장시킴으로써 이들을 저급한 취향으로 몰아붙였던 당시의 판단 기준이 정당하지 못하였음을 부각시킨다. 아울러 오늘날에도 형태만 변형된 채 그대로 적용되고 있는 저급과 고급의 이분법 자체가 근본적으로 옳지 못함을 보여 주고자 하는 것이다. '촌티 패션'과 같은 싸구려 취향에의 호소는 자신을 스스로 희화화시킴으로 인해서 이 사회가 안고 있는 욕망의 억압 체계를 역설적으로 희화화시킨다.

통속성에 대한 새로운 발견

사회가 아무리 발전하고 변화한다고 하더라도 모든 사람들이 성인군자나 도덕적인 인간으로 거듭날 수는 없는 것이 엄연한 현실이다. 따라서 통속성의 문제를, 비판적인 이성을 결여하고 윤리적인 기준에 어긋난다고 무조건 비판만 하는 태도는, 그 사회가 지니고 있는 엄숙주의의 가치관을 적용시키는 것에 불과하다. 통속성은 저급이나 고급이라는 단순한 이분법만으로는 설명할 수 없는 당대의 대중적인 욕망의 코드를 반영한다.

'신데렐라' 이야기와 같은 뻔한 스토리 구조의 재생산은 우리 사회가 여전히 남성 권력 위주의 사회임을 반영함과 동시에 여성들의 욕망 또한 남성 권력에 의존하여 달성될 수밖에 없음을 직간접적으로 암시한다. 반대로 '팜므 파탈(femme fatale, 영화 속에서 자신의 욕망을 실현시키기 위해 남자를 유혹한 뒤 파멸시키는 여자 주인공)'처럼 주로 남성들의 욕망의 대상으로 등장하지만 전적으로 남성들에게만 의존하지 않는 여주인공들의 존재는, 남성 권력이 사실은 여성들에 대한 허약한 지배 체제 위에 성립하고 있음을 드러내는 징표가 된다.

통속성과 저급 문화로 통칭되는 대중예술은 억압적인 욕망의 직접적인 분출을 통해서 해방의 가능성을 제시한다. 얼핏 보기에 지배 체제의 논리에 그대로 순응하기만 하는 대중예술의 구석구석에는 이처럼 지배 체제의 엄숙주의와 윤리적 가치관을 전복시키려는 대중적인 욕망의 표현이 반영되어 있는 것이다.

오늘날과 같이 상업주의가 만연하고 있는 자본주의적 상황 아래서 예술을 단지 상업적인 기준만으로 판단하기 곤란한 것처럼, 예술 자체에 등급을 매기고 서열을 정하는 행위 또한 정당화하기 어렵다. 대중적인 예술 또한 대중적인 욕망을 반영한다는 점에서 긍정적으로 평가되어야 한다. 통속성은 너무나 뻔한 이야기를 너무나 뻔한 방식으로 보여 준다는 점에서 당대의 사회적 욕망이 자리하고 있는 지점을 드러내 준다. 키치와 클리셰로 가득찬 것처럼 보이는 통속성의 이면에는 지배 체제의 위선과 기만의 지점을 폭로하는 대중적 욕망이 들끓고 있다. 이러한 전복적인 대중예술은 고급예술과 저급예술의 이분법에 항거하는 의미에서 스스로 저급예술임을 선언하고자 한다. 통속성이 단지 통속적인 의미로 끝나지 않는 이유가 여기에 있다. 역설적인 의미에서 통속적인 예술은 그것을 통속적이라고 명명하는 사회 체제에 대한 근본적인 저항의 메시지를 전하고 있다.

(가), (나)를 참조하여 대중문화에 대한 자신의 입장을 밝히고, 이를 바탕으로 (다)의 밑줄 친 역사적 권위의 해체 현상에 대한 자신의 견해를 논술하시오.

제시문 (가) 소문을 들으니 누군가 모차르트의 음악을 들은 식물은 잘 자라고 헤비메탈을 들은 식물은 성장이 시원치 않다는 실험 결과를 발표했다고 한다. 또 육각수를 연구하는 사람에게 다음과 같은 말을 들은 적도 있다. 육각수라 하면 물 분자의 결합 상태가 가장 건강한 상태를 의미하는데, 모차르트의 음악은 물 분자를 육각수로 만들고, 헤비메탈은 그것을 산만하게 만들어 놓는다는 것이다. 결국 인간의 몸은 대부분이 물로 되어 있으니까 모차르트의 음악이 인간의 몸에 좋을 수밖에 없다는 말이다.

제시문 (나) 대중들이 대중문화에 거는 기대는 꽤 큽니다. 그리고 통속성에 대한 비판 또한 그만큼 크죠. 대중문화에 대한 우리의 시선이 조금만 따뜻하고 너그러울 수 있다면 우리는 충분히 대중문화를 더 잘 즐길 수 있을 것입니다. 요즘 가수인지 배우인지 모르는 친구들이 국적 없는 문화를 퍼뜨린다고 비난하기보다는 그들이 주는 즐거움에 빠져보고, 액션, 호러 영화에 내용이 없다고 질책하기보다는 그것으로 스트레스를 풀어보는 것이 오히려 제대로 대중문화를 즐기는 방법일 것입니다. "재미있긴 한데 남는 게 없어." 라고 말하기보다는 "야, 그거 재미 하나는 끝내주는데." 라고 말해 보자는 거죠.

제시문 (다)   성웅(聖雄) 이순신. 전란으로부터 나라를 구원한 그가 요괴를
퇴치하는 판타지의 주인공이 된다면? 큰 뜻을 갖고 있지 않은
한량이라면? 최근 대중문화계에서 이순신 장군에 대한 파격적
해석이 이어지고 있다. '범접할 수 없는 영웅 이순신'의 이미지
를 벗어나 '이순신 새로 보기'가 활발해지고 있는 것. 2002년
한일월드컵 때 젊은이들이 국가 권위의 상징인 태극기로 머리
나 몸을 감싸는 발상의 전환을 했듯이, 예전에는 상상도 할 수
없던 이순신들이 나오고 있다. 이순신이라는 아이콘을 SF나 판
타지 등 대중문화적 요소와 처음 결합한 것은 서울 광화문 앞
의 이순신 동상이 '유쾌 상쾌 통쾌'라고 외치는 한 통신회사의
광고였다. 이후 이순신 장군은 그 상품의 이름을 딴 '○○○○
장군'으로 불리기도 했다. 이러한 역사적 권위의 해체를 어떻
게 생각해야 할 것인가?

B급 문화

애당초 B급이라는 말은 미국의 영화관에서 등장한 용어였다. 주로 동시 상영을 하던 영화관에서 A급으로 헐리웃 영화를 상영하고 일종의 끼워팔기 시스템으로 넣어준 것이 이른바 B급 영화의 출현이었다. 따라서 B급 영화들은 낮은 제작비 뿐만이 아니라 소재와 형식적 측면에서도 대중의 즉흥적인 반응을 유도할 수 있는 저열한 영화들이 대부분이었다. 이들은 소위 클리셰(Cliche)라고 불리우는 상투적인 기법과 내용을 사용하였으며, 이른바 키치로 표현되는 싸구려 감수성으로 무장하였다.

그러나 영화사적 측면에서 볼 때 이러한 B급 영화의 등장은 영화감독에 대한 제작사의 간섭이 그다지 크지 않은 결과를 초래하여 역설적인 의미에서 미국식 작가주의 영화의 모태가 되기도 하였다. 하지만 오늘날 소위 말하는 B급 문화의 의미에는 단순하게 A급에 비해 뒤떨어진다는 서열적 의미보다는 주류 문화에 속하지 못한 마이너리티 문화의 저항성에 대한 의미도 포함되어 있다.

B급 혹은 컬트 영화의 대표적인 작품으로 평가받고 있는 〈록키 호러 픽쳐 쇼〉와 같은 영화는 유치함과 통속성, 그리고 노골적인 성적 묘사로 가득차 있으면서도 이러한 마이너리티적 감수성을 부끄럼 없이 과감하게 드러냈다는 점에서 세계 영화사의 한 페이지

를 장식하고 있다. 따라서 B급 문화 혹은 B급 감수성은 대중의 통속적 욕망을 가감 없이, 혹은 보다 적극적으로 드러낸다는 의미에서 저항의 정신을 표현한다고 볼 수 있다. 그것은 사회의 지배적 욕망 체계에 대한 균열을 드러냄과 동시에 도덕적, 윤리적 인간이라는 표상이 지닌 허위 의식을 노골적으로 폭로하고 있다는 점에서 일종의 대항 문화로서의 성격을 지닌다고 할 수 있다.

15

현대인들은

왜

불안한 미래를

꿈꾸는가?

한국 영화에서 보기 드물게

SF적 상상력을 보여 주고 있는 영화

〈지구를 지켜라〉의 주인공 병구는

사악한 외계인의 침략에 맞서

지구를 지켜야 하는 운명을 지닌 인간이다.

가난하지만 단란한 가정의

품에서 자라던 병구는

광부인 아버지의 사고사를 목격한다.

뒤이어 닥쳐 오는 가족사의 불행.

병구는 자본의 횡포로 인해

사랑하는 애인을 잃고,

자신의 어머니마저 식물 인간으로

목숨을 연명하는 처지가 되자,

이 모든 불행의 원인이 사악한

외계인들의 흉계 때문이라고 굳게 믿는다.

마침내 병구는 간악한 외계인들의

침략으로부터 지구를 보호하기 위한

외로운 투쟁에 나서게 되는데…….

SF 영화의 결말처럼 불안한 인류의 미래

사회적 약자의 불우한 처지와 SF적 상상력을 절묘하게 결합시킨 이 영화는, 결국 병구의 외로운 투쟁이 실패로 돌아감과 동시에 효용 가치를 상실한 지구마저 우주인들이 파괴시켜 버린다는 다소 황당무계(?)한 결말로 끝을 맺는다.

다분히 컬트적인 경향을 보이고 있는 영화 〈지구를 지켜라〉의 줄거리에 대한 진정성 여부와는 별개로 이른바 공상 과학 영화나 소설들이 지구의 미래를 암울하게 그리고 있는 것만큼은 분명하다. 하지만, 공상 과학 영화(Science Fiction) 장르는 단순하게 과학적인 재료를 이용해서 허구적 상상력을 발휘한다는 공통점만 있는 것은 아니다. 공상 과학 영화 장르는 과학적인 소재에 기반하고 있지만 오히려 과학 기술의 발전이 인류의 미래를 불행하게 만들 것이라는 디스토피아(dystopia, 유토피아의 반대어)적 상상력을 공유한다는 점에서 더 많은 공통점을 가진다고 할 수 있다. 이러한 점에서 1818년 영국의 여류 작가 메리 셸리(Mary Shelley)가 발표한 SF 장르의 선구적인 소설 《프랑켄슈타인》은 상징적 의미를 지닌다고 할 수 있다.

새로운 인간의 창조에 대한 광적인 집착을 지닌 프랑켄슈타인 박사는 수많은 연구 실험 끝에 마침내 인간 창조에 성공을 거두게 된다. 그러나 프랑켄슈타인 박사가 창조한 것은 인간이기보다는 괴물에 가까운 것이었으며, 결국 이 괴물은 자신을 낳은 창조주에게 복수를 하게 된다. 여기서 프랑켄슈타인 박사는 근대 이성과 과학 기술의 맹신에 대한 상징적 메타포(metaphor, 隱喩)로 이해될 수 있으며 프랑켄슈타인 박사의 피조물인 괴물은 과학 기술의 미래가 인간의 삶을 윤택하게 하기보다는 오히려 위협하게 될 것임을 경고하는 장치라고 이해할 수 있다.

어쩌면 SF라는 장르 자체가 소설 《프랑켄슈타인》과 동일한 운명을 지니고 있는지도 모른다. 과학 기술의 발전이 없었더라면 공상과학(SF)이라는 장르 자체가 탄생할 수 없었을 것이다. 그러나 과학 기술의 발전에 태생적 근원을 두고 있는 이 장르는 역설적으로 과학 기술의 발전이 인간의 삶을 위태롭게 할 것이라는 디스토피아적 세계관과 공모함으로써 프랑켄슈타인 박사의 피조물과 동일한 운명에 처한다. 다시 말해서, 그 어떤 예술 장르보다도 과학 기술과 친밀한 관계를 맺고 있는 SF가 그 어떤 장르보다도 더 직접적으로 과학 기술의 위험성을 경고하고 있는 것이다. 그렇다면 공상과학 장르가 지속적으로 경고하고 있는 것처럼 미래는 정말 희망적인 것이 아니라 불안과 절망으로 존재하는 것일까?

이성 중심 세계관의 몰락

이성에 대한 신뢰와 과학 기술의 발전에 대한 믿음은 주로 진보라는 용어와 결합되면서 인류의 미래에 장밋빛 전망을 던져 주었다. 프랑스의 철학자 데카르트(R. Descartes)가 말한 것처럼 이성은 그 어떤 경우에도 흔들리지 않는 가장 명석한 지지대가 되어 주었으며, 인간은 이러한 이성을 소유했다는 점만으로도 세상을 지배하기에 아무런 문제가 없는 것처럼 보였다. '계몽(Enlightenment)'이라는 말이 의미하는 것처럼 이성은 이 세상을 비추어 주는 유일한 빛이었으며, 이성이 인도하는 길을 따라서 항해한다면 인류의 미래는 유토피아라는 달성할 수 없는 목표에 가장 가까이 다가갈 수 있을 것처럼 보였다. 이러한 이성 중심주의와 계몽주의의 발달은 인류의 미래에 대한 낙관적 전망을 심어 주기에 충분했으며, 과학 기술은 이러한 낙관적 전망을 실현할 수 있는 도구로서 절대적인 신뢰를 받았다.

진화론과 더불어 진보라는 구호로 표현되는 단선적 역사 발전관은 인류의 역사가 보다 나은 쪽으로 진행해 나갈 것이라는 굳건한 믿음에 바탕하고 있었으며, 과학 기술의 발전을 통해서 분명 인류의 삶은 보다 편리하고 보다 유익한 쪽으로 진보할 것이라고 믿고 있었다. 아울러 육체 노동이라는 고된 작업에서 인간을 궁극적으로 해방시켜 줄 도구 역시 과학 기술이 담당할 것이며, 머지않은 미래에 인간의 노동을 기계들이 모두 대체시켜 줄 것이라는 믿음 또한 확산되었다. 실제로 미래 사회에 대한 유토피아적 전망은 기계 문명에 대한 예찬으로 이어졌으며, 예술 쪽에서도 이러한 기계 문명에 대한 예찬론 또한 팽배해 있었다.

그러나 소설《프랑켄슈타인》의 비극적인 결말이 예언하고 있는 것처럼, 이성에 대한 절대적인 신뢰에 바탕하고 있었던 근대 문명은 양차 세계 대전이라는 이성의 광기에 직면하면서 근본적인 위기를 맞이하기 시작한다. 독일의 철학자 아도르노(T. W. Adorno)가《계몽의 변증법》에서 밝히고 있는 것처럼, 신화라는 울타리에서 무지몽매한 인간을 구원했던 이성은, 역설적으로 재앙만을 초래했다는 반성적 사유가 싹트기 시작하면서 과학 기술 전반에 대한 근본적인 문제 제기가 이루어지게 된다. 불행하게도 나치와의 협력 사건으로 철학의 역사에서 씻을 수 없는 오명을 남긴 바 있는 철학자 하이데거(M. Heidegger)는 현대의 문명을 '불안의 시대'로 명명하고, 영혼의 고향을 상실한 현대인들이 이에 대한 보상 심리로 현실 세계에서의 유토피아 달성이라는 허황된 꿈에 사로잡혀 있다는 점을 폭로하였다. 그리고 이러한 사이비 유토피아의 달성에 대한 거짓된 믿음을 강화시켜 주는 역할을 과학 기술 이데올로기가 담당하고 있다는 점도 강력하게 비판하였다. 하이데거와는 철학적 관계뿐만이 아니라 인간적으로도 많은 친분을 지니고 있었던 한나 아렌트(Hanna Arendt) 역시 핵무기에 의한 평화라는 인류 절멸의 위기에 봉착한 근대 문명의 역설적인 상황을 날카롭게 비판하였다. 실제로 현대 문명은 인류 전체를 파멸로 이끌고 갈 살상 무기와 핵무기를 엄청나게 보유하고 있으며, 이러한 군사 무기의 발달에 과학 기술이 결정적인 공헌을 한 것은 두말할 필요가 없는 분명한 사실이다.

따라서 더 이상 맹목적으로 과학 기술에 대한 신뢰를 보내는 것은 무의미한 일이다. 아우슈비츠의 학살이나 스탈린 시대의 강제 수용소의 실상 등은 인간 이성이 절대로 자유와 평등을 옹호하는 것이 아니라는 사실을 보여 주었으며, 과학 기술 역시 정치나 세계관으로부터 동떨어진 가치 중립의 영역에 존재하는 것이 아니라는 점을 알려 주었다. SF의 세계관은 비록 과학 기술에 대한 매니아적 관심에 입각하고 있다고는 하더라도, 과학 기술이 가지고 있는 현실적, 잠재적 위협을 근본적으로 직시하고 있다는 점에서, 현대 문명의 인간 중심주의, 이성 중심주의에 대한 비판의 선봉에 서 있다고 할 수 있다. 그것은 공상이라는 허구적 상상력을 과학이라는 명증한 이성적 능력과 모순적으로 대립시킴으로써 자신의 영역을 개척해 나간다. 그리고 과학 기술의 진보가 인간적 삶의 가치와 동일시될 수 없음을 직접적으로 고발하면서, 어쩌면 과학 기술의 진보가 인간적 삶의 퇴보와 연결될 수 있다는 역설적인 상황을 디스토피아적인 미래관과 연계시켜 표현하고자 한다.

종말적 역사관

어떤 의미에서 보자면 서구의 역사관은 다분히 종말론적인 역사관과 많은 관련을 맺고 있다고 할 수 있다. 먼 미래에 구원자 메시아가 등장할 것이라는 오래된 종교 사상에서부터 인류 종말을 경고한 노스트라다무스(Nostradamus)라는 예언가에 이르기까지 서구의 많은 사상은 불행을 자초한 인류의 파국적 결말이라는 시나리오에 기반하고 있다. 헤겔의 유명한 '주인과 노예의 변증법'이나 마르크스의 역사적 유물론 또한 궁극적으로 다가올 미래의 지점을 가정하고 있다는 점에서 이러한 종말론적 입장과 크게 다르지 않다.

자유 민주주의 체제의 전면적 승리와 원리적 의미에서의 역사 발전의 종말을 밝힌 바 있는 프랜시스 후쿠야마(Francis Fukuyama)의《역사의 종말》역시 종말이라는 시나리오에 강한 영향을 받고 있는 것이 사실이다. SF가 비극적 역사관과 디스토피아적 미래를 다룬다고 할 때, 이러한 종말론적 사상의 영향에서 자유로울 수 없음 또한 분명한 사실이다. 분명 〈딥 임팩트〉나 〈지구 최후의 날〉, 그리고 〈지구를 지켜라〉와 같은 SF 영화들은 모두 지구 전체에 재난에 대한 담론을 다루고 있다. 그리고 이러한 종말론적 상황의 제시는 그것이 혜성의 충돌이나 우주인의 침입과 같은 외부적인 요인에 의해서 이루어졌다고 하더라도 사실은 오늘날의 과학 문명에 대한 근본적인 경고로 작동하고 있다.

그러나 SF는 이러한 종말론적 재난의 영역을 넘어서 종말 이후의 상황을 다루고 있다는 점에서 새로운 인간적 가치에 대한 모색의 지점으로 존재하기도 한다. 우울한 배경 화면을 바탕으로 기계 문명에 대한 음울한 서정시를 들려 주고 있는 리들리 스콧의 〈블레이드 러너〉와 같은 영화는 비록 표면적으로는 지구 종말을 다루고 있다고는 볼 수 없지만, 그것이 다루고 있는 세계관 자체는 전적으로 지구 종말 이후의 상황이라고 할 수 있다.

기술 문명의 발전은 역설적으로 모든 인간적 가치를 파괴시켰으며, 인간은 이제 자신의 가치 회복을 위해서 스스로 창조했던 대안적 생명체인 사이보그들과의 관계 설정을 고민해야 하는 위치에 놓인다. 필립 K. 딕이나 어슐러 르 그윈과 같은 작가들의 작품 역시 근대 문명의 가치가 무너진 이후의 시점에서 발생하는 새로운 가치관의 모색을 시도하고 있다는 점에서 오늘날의 문명에 대한 대안적 가치를 문제삼고 있다. 결국 SF는 종말론적 세계관에 대한 구체적 구현과 디스토피아 이후의 윤리적 문제 의식을 담고 있다는 점에서 오늘날의 대중문화가 지니고 있는 반이성주의적, 반기술문명적 태도를 대변하고 있다고 할 수 있다.

게다가 유전 공학의 발전과 인간 복제의 위험성이 점차로 현실화되고 있는 시점에서 SF는 인간의 정체성과 새로운 생명 윤리에 대한 문제를 동시에 제기하고 있다. 과학 기술의 발전은 이제 생명 복제와 같은 신화의 영역까지 접근하고 있으며, 이러한 기술 발전의 속도는 생명 윤리에 대한 근본적인 태도의 전환을 요구하게 될 것이다. 〈가타카〉와 같은 영화에서 유전 공학은 일종의 우생학의 변형된 형태로 등장하고 있으며, 영화 〈아일랜드〉는 순수하게 장기 이식을 위해서 사육되는 불행한 인간들의 운명을 다루고 있다. 이런 영화들에서 볼 수 있는 생명 복제의 위험성은 단순한 경고의 차원에서 그치는 것이 아니라, 엄연히 현실적 가능성으로 존재하고 있다는 점에서 핵무기와 같은 파괴적인 위력을 지니고 있다. 〈인간을 위한 기술〉이나 영화 〈영웅본색〉의 영어판 제목인 '보다 낳은 내일(A Better Tomorrow)'과 같은 구호는 실제로운 암울한 미래의 도래를 감추기 위한 선동용 구호에 불과하다.

　한나 아렌트가 《인간의 조건》에서 밝히고 있듯이, 인간이 달나라에 착륙했다는 사실 자체가 중요한 것이 아니다. 과학 기술의 발달로 인해서 마침내 인간은 대기권을 돌파해서 우주라는 광활한 공간으로 나아간 것만큼은 분명한 사실이지만, 그렇다고 해서 영화 〈토탈 리콜〉에서 보여 주고 있는 것처럼 인간이 우주의 별을 식민지로 삼고 그 곳에 가서 살 수는 없는 것이다. 한나 아렌트에 따르면 인간은 어떤 경우에도 지구라는 공간을 벗어날 수 없는 '지구적 존재'라는 사실을 자각하는 것이 중요하다. 우주 여행이나 STAR WARS와 같은 군사 방위 전략은, 어떤 의미에서는 인간이 '지구적 존재'라는 사실을 망각시키는 데 기여할 뿐이다.

　인간은 지구라는 공간 안에서 생활해 왔으며, 그 안에서 소중한 가치를 만들고 보존해 왔다. 따라서 지구적 존재의 삶의 터전을 위협하는 반지구적 가치들과 대항해서 싸워야만 한다. 우주 개발뿐만이 아니라 생명 복제 역시 인간이라는 지구적 존재가 유지하고 발전시켜 왔던 생명 자체에 대한 근본적인 위험성을 내포하고 있다. 따라서 생명 복제 역시 핵무기에 대한 인식과 비슷하게 인류 파괴라는 가공할 만한 위협을 지니고 있는 과학 기술의 문제라는 점을 인식해야 한다. 그러나 초기의 황우석 사태에서 볼 수 있었듯이, 생명 윤리에 대한 문제는 우주 여행에 대한 문제와 유사하게 장밋빛 환상과 낙관적 미래 전망으로 포장되어 있다. 이러한 의미에서 생명 복제와 기계 인간의 문제에 대해 줄기차게 의문을 제기하고 대중의 인식의 확산에 결정적으로 기여한 것은 SF장르라고 할 수 있다.

SF 영화의 불순한 이면

그러나 SF장르가 단순히 과학 기술에 대한 비판과 인류 사회의 운명에 대한 경고로만 기능하는 것은 아니다. 대중은 사이비 과학 기술로 포장된 SF적 용어들에 매료되기도 하고, 우주 괴물을 퇴치하는 용감한 지구 전사의 영웅적 행동에 찬사를 보내기도 한다. 영화 '수퍼맨 시리즈'가 보여 주는 것처럼 그것은 대중의 욕망을 단순화시키고 영웅주의와 같은 통속적 가치들을 옹호하는 수단으로도 기능한다. 또 로버트 하인리히의 소설을 원작으로 하고 있는 영화 〈스타쉽 트루퍼스〉는 우주 괴물을 소탕하기 위한 미래 사회의 지구 전사들의 모습을 영웅적으로 그려 냈으나, 이 영화에서는 사실 군국주의와 미국식 애국주의에 대한 향수를 엿볼 수 있다. 또한 대부분의 SF소설이나 영화들이 권선징악이라는 단순한 이야기 구조를 차용하고 있으며, 우주인이나 우주 괴물 역시 기존의 체제와 질서를 위협하는 세력에 대한 은유로 기능하고 있는 것도 엄연한 사실이다. 이럴 때 디스토피아적 세계관은 과학 기술에 대한 비판과 새로운 인간적 가치관의 정립을 목표로 하기보다는 현 질서의 유지와 체제의 수호라는 정치적 목적과 공모하게 된다.

'미래 사회는 오늘날보다 훨씬 더 암울한 사회가 될 가능성이 높다. 그러니까 현 체제에 대한 불만은 배부른 푸념에 불과한 것이며

현 체제를 위협하는 세력들은 우주 괴물들과 마찬가지로 퇴치되어야만 한다.' 는 SF의 이러한 체제 동화적 기능은, 미소 대립이라는 극단적 냉전 구조 속에서 정치적 자양분을 획득하고 확대 재생산되기도 하였다. 미국의 입장에서 볼 때 전체주의적이고 통제 사회적인 미래 사회의 모습은 사회주의 국가에 대한 비유로 해석되었고, 우주의 침략자들은 그 모습과는 상관 없이 자본주의 체제를 위협하는 불온한 세력에 대한 상징으로 이해되었을 것이다. 유명한 SF 영화 〈우주의 침입자〉는 이러한 미소 냉전 구도의 상상력을 여실히 보여 주고 있다. 결국 아리스토텔레스가 고대 비극의 구조에서 밝힌 바 있는 감정 이입에 따른 영혼의 카타르시스 작용은, 오늘날 SF 장르와 같은 대중적 이야기 구조 속에 녹아들어서 권선징악과 영웅적 행위에 대한 무비판적 찬양이라는 단순 반복적인 패턴으로 정착하였다. 하지만 영혼의 정화는 일시적인 망각과 동의어가 되어 버렸으며, 우주라는 가상의 공간에서 펼쳐지는 전쟁은 사실상 지구인들의 전쟁에 대한 대리 체험의 장으로 전락하게 된다.

디스토피아적 세계관의 앞날

디스토피아적 세계관은 분명 모순적인 성격을 지니고 있다. 한편에서는 과학 기술 문명과 통제 관리 사회에 대한 준엄한 경고로 작용하지만, 또다른 편에서는 현재의 체제에 만족하는 환각과 마취의 제공자로도 기능하게 된다. 영화 〈터미네이터〉를 보면서 근대 문명이 지니고 있는 과학 만능주의에 대한 비판으로 이해할 수도 있지만, 이제는 정치인으로 변모한 아놀드 슈왈츠제네거의 영웅적 희생 장면을 보면서 미국식 애국주의에 대한 향수를 느끼는 것도 그리 어려운 일이 아니다. 그러나 중요한 것은 오늘날 SF를 비롯한 대부분의 장르에서 미래 사회를 다분히 부정적으로 묘사하고 있다는 점이다. 비록 이러한 묘사가 상업적 고려에 따른 철저하게 계산된 행위라고 할지라도 아무도 유토피아 자체를 그리려고 하지 않는다는 점에 현대 사회의 문제점이 있다.

하이데거(M. Heidegger)가 명명한 '불안의 시대', 그리고 영혼의 세계가 아닌 현실의 세계 속에서 유토피아를 건설해 주겠다는 사회주의의 실험이 실패로 끝난 오늘날 그 누구도 유토피아의 모습을 그리려고 하지 않는다. 어쩌면 인류는 이제 더 이상 유토피아를 구상할 만한 상상력과 힘을 잃어버렸는지도 모른다. 한나 아렌트의 말처럼 인류 절멸의 위험의 현실적 가능성인 핵무기를 다량 보유하고 있는 인류에게 유토피아와 관련한 담론들은 우주인의 침략보다도 더 현실성이 없는 이야기로 들릴 것이다. 따라서 대중들은 유토피아 대신 디스토피아를 꿈꾼다. 현실은 조금 나아질 수는 있겠지만 파국은 갑작스레 찾아올 것이다. 그러나 이러한 디스토피아에 대한 양가적 욕망 속에서도 새로운 인간적 가치를 찾고자 하는 노력은 계속된다.

미야자키 하야오의 〈바람계곡의 나우시카〉는 황폐한 미래 사회의 모습을 다루고 있다. 이 영화에서 주목할 점은 사람들이 믿고 있었던 구세주가 사실은 남자가 아니라 여자 주인공 나우시카였다는 점이다. 나우시카는 여성적 가치를 대변한다. 근대 문명은 효율과 속도, 지배와 권력을 선호하는 남성적 가치에 기반한 문화이다. 그리고 이러한 가치가 계속적으로 지배하는 이상 인류 사회는 디스토피아라는 피할 수 없는 운명에 처할 것이다. 따라서 자연과의 조화, 생명과의 공존, 동질화보다는 다양성을 중시하는 가치관은 여성적 가치에서 찾을 수 있다는 탈디스토피아적 전망을 보여 주고 있다.

오늘날 그 누구도 쉽사리 유토피아에 대해서 이야기할 수는 없을 것이다. 그러나 탈디스토피아적 전망에 대한 모색은 계속되고 있다. 그리고 이러한 탈디스토피아적 전망과 디스토피아를 둘러싼 양가적 욕망이 가장 강렬하게 충돌하고 있는 장르가 SF이다.

글 (가)와 글 (나)를 통합해서 볼 때, 과거로부터 과학 문명이 발달한 현대까지 '미신'이 확산되어 가는 원인과 과정을 어떻게 설명하고 있는지를 간략히 서술하시오.

제시문 (가)

미신은 직접적인 체험에서 생겨난다. 자연의 법칙을 몰랐던 고대인은 갖가지 자연 현상, 즉 번개나 천둥, 일식, 월식, 탄생이나 죽음을 도저히 이해하지 못해 눈에 보이지 않는 영혼의 힘이 존재하고 있다고 생각했다. 즉, 그들은 동물이 육감으로 위험을 알아차리는 것도 틀림없이 영혼이 동물들에게 경고하기 때문이며, 씨앗에서 싹이 돋아나고, 올챙이가 개구리가 되는 기적도 저 세상의 영혼이 부리는 기적이라고 여겼다. 또한 그들은 온갖 고난에 찬 생활을 겪으면서 아무래도 주위에는 선한 영혼보다는 악한 영혼이 훨씬 더 많다고 생각했다. 미신 속에 사악한 영혼으로부터 몸을 지키기 위한 방법이 많은 것도 이 때문이다. 어떤 것을 실험해서 효과가 없으면 다른 것, 그것이 안되면 또 다른 것 하는 식으로 차례차례 부적을 만들어 나간 것이다. 이렇게 해서 자기 주변에 있는 갖가지 물건이나 동작, 말이 특별한 의미를 지니게 되었다. 어떻게 보면 오늘날 우리들도 그와 같은 행동을 하고 있다. 몽당연필로 글씨를 써서 높은 점수를 받은 학생은 그 연필을 행운의 연필로 여기며, 비오는 날에 경마를 해서 큰돈을 딴 사람은 다음에도 다시 비오는 날에 돈을 걸려고 한다. 사람들은 이렇게 해서 아무 것도 아닌 일을 특별한 것으로 만든다.

제시문 (나) 인간의 사회생활을 이해하는 데 있어 사람들이 마음 깊이 간직하는 신앙과 가치를 빼놓을 수는 없다. 이 신앙과 가치들은 적어도 단기적으로는 인간 대 인간, 그리고 인간 대 자연의 교섭에 동기를 부여하고 그 관계를 촉진한다.

〈중략〉

미신은 인과 관계의 문제를 제기한다. 미신에서 연관시키는 행위와 사물은 실제로 얼마나 서로에게 영향을 끼치는가? 한가지 모호하지만 그럴듯한 대답으로서 인과적인 행동이나 사물에는 관찰된 효과를 달성하도록 하는 힘이 내재해 있다고 말할 수 있다. 추상화되고 일반화된 채로 내재해 있는 그 힘은 여러 가지 특수한 사건과 삶의 성공과 실패에 대한 설명을 제공해 줄 수 있다. 멜라네시아에서는 그것을 마나(mana)라고 부른다. 커다란 물고기를 잡는 낚시 바늘, 복잡한 조각을 하는 도구, 폭풍우를 안전하게 헤쳐 나가는 카누, 적을 많이 죽이는 전사, 이 모든 것에 마나가 집중적으로 깃들어 있다고 믿는다. 서양 문화의 행운과 카리스마 개념 역시 마나 관념과 가깝게 닮아 있다. 말 발바닥에 박는 편자에는 행운을 가져다 주는 힘이 집중되어 있다. 카리스마적인 지도자는 설득의 힘이 충만한 사람이다.

사람들이 '괴물'에 열광하는 이유

비단 봉준호 감독의 〈괴물〉뿐만이 아니다. 〈용가리〉가 그렇고 〈고질라〉가 그렇고 〈몬스터 주식회사〉가 그렇고 심지어는 아동용 애니메이션인 픽사의 〈토이 스토리〉에도 괴물처럼 생긴 장난감 인형들이 등장한다. 어원적인 의미에서 볼 때 '괴물(怪物)'은 괴이한 물체 정도로 번역될 수 있으며, 그 이미지 또한 추한 생김새에 바탕하고 있다. 그럼에도 불구하고 사람들이 이 추한 '괴물'에 열광하는 이유는 무엇일까?

스페인의 화가 고야는 '이성의 잠은 괴물을 낳는다.'라는 유명한 판화를 그린 바 있다. 책상에 앉은 젊은 남자가 무언가를 적다가 졸고 있는 동안 그의 등 너머로 무수한 괴물들이 서서히 그 모습을 드러내고 있는 그림이다. 비록 이성이 신화의 비이성적 세계관을 파괴하고 자연이 주는 공포와 위협을 어느 정도 제거하는 데는 성공했지만, 그럼에도 불구하고 사람들은 여전히 괴물을 꿈꾸며 괴물을 상상하고 있다. 어쩌면 고야의 의도와는 달리 '이성적 인간'이라는 환상 자체가 괴물인지도 모른다.

대부분의 괴물 영화는 자연스레 SF적 세계관과 디스토피아적 세계관에 연루되어 있다. 그러나 일반적인 SF 영화와는 달리 주로 괴물이 등장하는 영화의 결론은 인간이 괴물을 퇴치하는 것으로 끝이

난다. 다시 말해서 이성적 세계의 숨막히는 일상에서 탈출하고픈 욕망이 괴물을 낳고, 또 스크린 속의 괴물이 현대의 물질 문명을 무자비하게 파괴하는 것을 보면서 일종의 대리만족과 쾌감을 느낀다.

그러나 디스토피아적 영화들과는 달리 괴물 영화의 관객들은 공권력이나 혹은 봉준호 감독의 '괴물'처럼 가족의 손에 의해서든 그 이상한 욕망의 표현물인 괴물이 진압되기를 희망한다. 따라서 괴물은 일탈과 귀환의 모순된 욕망이 중첩되는 지점이 된다. 그것은 마치 주말 여행과도 같아서 어디론가 떠나고는 싶지만 반드시 돌아온다는 보장이 전제되어 있어야 한다. 괴물은 분명 일탈의 욕망을 부추기지만 그 욕망은 반드시 진정되어야 한다. 따라서 괴물은 언제나 태어나고 무섭게 행동하지만 끝내는 사라지고 마는 서글픈 주인공의 역할을 반복할 수밖에 없다.

16

장르 파괴 혹은

장르 혼합의

문화는

지속될 수 있는가?

류승완 감독의 영화 〈다찌마와 리〉는
인터넷으로 개봉한 영화라는
특이한 이력과 함께 70년대 삶의 풍경을
다양한 영화적 장르를 이용해서 제작한
영화라는 독특한 특징 또한 지니고 있다.
흔히 B급 코믹 엽기 영화라는 수식어가 따라다니는
이 영화의 기본 줄거리는 길거리의 의인인
'다찌마와 리'가 시골에서 상경한 화녀와 충녀를
질 나쁜 깡패들의 위협에서 구출한다는
비교적 단순한 이야기 구조로 이루어져 있다.
비록 배우들의 과도한 연기와
후시 녹음(後時錄音) 시절을 연상시키는
비일상적인 대사가 웃음을 자아내기는 하지만
영화의 기본적 형식은 6, 70년대식 주먹 세계를
다룬 액션 영화의 틀을 유지하고 있다.
그러나 영화의 곳곳에는
주먹 영화 장르와는 관계가 없는
다양한 영화적 형식들이 혼합되어서 나타난다.

〈다찌마와 리〉에 나타난 장르 혼합

영화의 결말부에 충녀의 본명이 협녀라는 것에서도 밝혀지듯이 〈다찌마와 리〉 속에는 무협 영화의 장르적 속성이 혼합되어 있다. 마지막 액션 장면은 명백히 고전적 무협 영화의 장르적 특성을 그대로 보여 주고 있으며 협녀 또한 홍콩 무협 영화의 전설적인 작품인 후진취안〔胡金銓〕 감독의 〈협녀(俠女)〉에서 따왔음을 노골적으로 밝히고 있다. 주인공 다찌마와 리의 액션 장면은 이소룡의 무술 영화를 연상시키며 다방 아가씨와 동방의 무적자가 나누는 대사는 한국 영화 〈별들의 고향〉을 떠올리게 한다. 빵집에서 화녀가 갑자기 무릎을 꿇으며 이야기하는 '이 지긋지긋한 관절염아.'라는 대사는 70년대의 유명한 관절염 치료제의 광고 선전을 패러디한 것이다.

이 밖에도 〈다찌마와 리〉 속에는 이 영화가 여러 가지 장르를 혼합해서 만든 것임을 알려 주는 장면들이 계속해서 등장한다. 〈다찌마와 리〉는 고전적 액션 영화를 단순히 변형하기만 한 것이 아니라 멜로 드라마에서 무술, 무협에 이르기까지 다양한 영화적 형식을 변화무쌍하게 변주해서 만든 혼합형 영화라고 할 수 있다. 따라서 〈다찌마와 리〉를 전통적인 액션 영화의 범주에 포함시킬 수는 없다. 〈다찌마와 리〉는 그 어떤 영화적 장르에도 속하지 않는, 영화적 장르의 울타리와 격자를 뛰어넘는 장르 파괴, 장르 혼합형 영화라고 부를 수 있기 때문이다.

박찬욱 감독의 〈올드보이〉가 칸느 영화제에서 심사위원 대상을 수상할 당시의 심사위원장은 '펄프 픽션'으로 유명한 미국의 영화 감독 '쿠엔틴 타란티노'였다. 영화 〈펄프 픽션〉을 통해서 다양한 장르의 혼합을 실험한 바 있던 타란티노는 〈킬 빌〉이라는 영화 속에서 국경을 뛰어넘는 다양한 영화 장르의 혼합을 성공적으로 보여 주었다. 여주인공의 복장에서 알 수 있듯이 〈킬 빌〉에는 이소룡 무술 영화의 흔적을 엿볼 수 있다. 〈킬 빌〉의 주요 무대는 일본이라서 그런지 〈킬 빌〉에는 일본 사무라이 활극의 요소가 많이 등장한다. 일본식 정원에서 벌어지는 최종 결투 장면에는 아예 일본의 엔카(演歌·えんか)가 배경 음악으로 쓰인다. 두 주인공이 벌이는 혈투 또한 전형적인 일본의 칼싸움 영화 장르인 '찬바라' 영화를 연상시킨다. 〈킬 빌〉에는 완벽한 이질적 장르의 혼합이라고 부를 수도 있을 법한 '애니메이션'마저 중간에 삽입되기도 한다. 뿐만 아니라 〈킬 빌〉은 미국 영화답게 서부극의 전통 또한 물려받고 있다. 빌과 그의 동료들은 스파이 영화의 첩보원이나 서부 영화의 건 맨들과 유사한 느낌을 준다. 이처럼 영화 〈킬 빌〉 또한 류승완 감독의 〈다찌마와 리〉와 마찬가지로 다종다양한 장르들의 혼합을 통해서 새로운 형식의 영화적 가능성을 실험했다고 할 수 있다.

크로스오버와 퓨전

　　장르 혼합 혹은 장르 파괴적 현상은 비단 영화에만 국한된 것은 아니다. 참여 정부의 대통령 취임식장에서 애국가를 불렀던 임형주는 팝페라 가수로 널리 알려져 있다. 팝페라는 팝과 오페라의 합성어이다. 다시 말해서 대중음악 장르인 파퓰러 뮤직과 비교적 고급음악으로 인식되고 있는 오페라의 경계를 뛰어넘어 이 두 가지 장르를 혼합하고 있는 것이다. 물론, 오페라 자체가 원래부터 고급음악인 것은 아니었다. 초기의 오페라는 다분히 민중적 취향의 기반 아래서 성장한 것이 사실이다. 하지만 오늘날 오페라는 일반적으로 고급예술 장르로 인식되고 있으며 대중들이 접근하기 어려운 장르로 여겨지고 있는 것 또한 사실이다. 팝페라는 이러한 두 가지 영역의 경계를 뛰어넘는다. 대중적으로 친근한 팝적 감수성을 통해서 대중에게 쉽게 다가감과 동시에 오페라가 가지고 있는 고급스러운 예술적 정서 또한 잃지 않고 있다.

　　음악에서의 이러한 장르혼합 혹은 장르 파괴적 경향을 흔히 크로스오버(crossover)라고 부른다. 크로스오버는 말 그대로 장르 간의 경계를 뛰어넘는 것이다. 재즈 밴드들이 바흐의 음악을 재즈적 감수성에 입각해서 재해석하는 것이나 아프리카의 민속음악과 클래식을 결합시키는 연주들이 이러한 크로스오버형 음악에 해당한다. 한국의 전통 악기인 가야금으로 파헬벨의 '캐논'을 연주하거나 서양의 악기로 우리의 고전음악을 연주하는 것도 단순히 악기의 변경이라기보다는 장르 간 통합이라는 크로스오버의 정신에 기반하고 있다고 볼 수 있다.

　이러한 장르 파괴 현상은 단지 예술적 영역에서만 일어나고 있는 것만은 아니다. 일상생활에서 가장 쉽게 장르 파괴를 접할 수 있는 분야는 요리이다. 예전만 하더라도 중국 요리와 일본 요리, 서양 요리, 그리고 한국의 전통 요리는 엄격하게 구분되어 있었다. 그러나 '퓨전 요리'라는 이름이 유행하는 것에도 알 수 있듯이 이러한 구분은 점차 사라져 가고 있으며 서로 다른 나라의 요리들이 뒤섞이는 경향을 보이고 있다. 원래 '퓨전'이라는 용어는 크로스오버와 마찬가지로 장르 파괴형 음악을 일컫는 용어였다. 하지만 최근에는 주로 음식 문화와 관련된 영역에서 많이 사용되고 있다.

　음식 문화의 장르 파괴 현상은 세계화나 인구의 이동에 따른 이민족 공동체의 성장과 밀접한 관련이 있다. 특히 미국과 같은 다인종 국가는 서로 다른 인종들이 모여 사는 이민족 공동체들이 계속적으로 성장하고 있다. 이산(離散)이라는 뜻을 지니고 있는 '디아스포라(Diaspora, 흩어진 사람들이란 뜻. 팔레스타인을 떠나 세계에 흩어져 살면서 유대교의 규범과 관습을 유지하는 유대인을 이르던 말)'라는 용어는 일반적으로 위와 같은 다인종, 다민족 공동체를 의미한다. 디아스포라의 문화는 자신들만의 고유한 문화나 음식을 고집하기보다는 서로 다른 문화의 섞임과 음식 문화의 통합 현상을 촉진하는 경향이 있다. 'LA갈비'나 '캘리포니아 스시'라는 용어에서 알 수 있듯이 인구의 이동과 이민족 간의 만남은 서로의 문화를 섞고 융합시키는 통합의 문화를 창조한다. 아울러 세계화와 지역화의 혼합어인 글로컬라이제이션(Glocalization) 또한 장르 간 통합을 촉진하는 물질적 기반으로 작용하고 있다. 불고기 버거나 불고기 피자, 라이스 버거 등은 이러한 글로컬라이제이션에 따른 음식 문화의 통합의 결과물이다.

최근에는 우리의 고유한 음식인 김치를 세계적 음식으로 만들기 위한 다양한 노력이 벌어지고 있다. 그리고 김치라는 고유의 음식 문화를 세계화하기 위해서는 장르 간의 통합이 필수적으로 요구된다. 일본의 오코노미야키와 김치를 결합시킨다든지, 멕시코의 전통 음식인 나초와 김치를 혼합한 퓨전 요리들이 등장하고 있는 것도 이러한 경향을 대변하는 것으로 이해할 수 있다. 이러한 퓨전 요리는 일상생활에서 볼 수 있는 대표적인 장르 통합의 현상이다. 이제 멕시코의 요리와 태국의 요리와 한국의 요리들이 서로 어울려서 전혀 다른 새로운 요리를 탄생시키고 있다. 고유의 전통보다는 문화의 교류와 혼합이 중요시되고 있는 오늘날의 흐름 속에서 당분간 퓨전 요리의 성장은 계속될 전망이다.

포스트모던과 장르 파괴

장르 혼합형 영화, 크로스오버형 음악, 퓨전 요리 등은 포스트모던 시대의 문화적 흐름의 대표적인 사례들이다. 포스트모던 시대의 문화는 고유의 정체성보다는 이질적인 문화 간의 교류와 혼합을 더욱 중요하게 여긴다. 따라서 예로부터 내려오던 장르 간의 규칙과 경계선은 어떠한 일이 있더라도 무조건 지켜야만 하는 금기

사항이 될 수 없다. 필요에 따라서는 도무지 어울릴 것 같지 않는 문화와 장르들이 서로 만나고 섞일 수 있다. 모더니즘 시대의 예술은 과거나 전통과의 단절을 중요시했기 때문에 새로운 예술과 새로운 장르의 창조가 대단히 중요한 과제였다고 할 수 있다. 그러나 포스트모던 시대의 예술은 이러한 과거나 전통과의 단절을 절대적인 목표로 삼지 않는다.

과거의 예술도 필요에 따라서는 오늘날의 예술과 서로 섞이며 만날 수 있는 것이다. 서로 다른 장르의 문화도 경우에 따라서는 전혀 새로운 예술 장르 속에서 서로 만나며 소통할 수 있는 것이다. 새로운 예술의 창조를 목표로 하고 있는 모더니즘 예술이 역설적인 의미에서 과거나 전통에 대한 지나친 부담을 지니고 있었던 반면, 포스트모던 시대의 예술은 이러한 부담 자체를 벗어던졌다는 점에서 의미가 있다. 포스트모던 시대의 예술은 오히려 과거의 예술이나 전통적인 장르의 요소들을 차용하고 패러디함으로써 반드시 지켜야만 했던 억압적인 관습과 규칙의 엄격성을 필요에 따라서는 변형이 가능한 일종의 놀이 형식으로 바꾸어 버린다. 포스트모던 시대의 예술은 그 어떠한 이질적인 장르도 서로 섞일 수 있기 때문에 장르 파괴, 장르 혼합과 같은 더욱 많은 예술적 창조의 가능성을 지니고 있다.

포스트모던 문화는 건축 예술의 분야에서 최초로 시도되었다. 포스트모던 시대의 건축은 건축물이 속한 외부적 상황과 맥락을 중시하면서도 다양한 건축적 요소들 간의 이질적인 결합을 시도한다. 미국의 건축가인 마이클 그레이브스(Michael Graves)가 설계

한 '포틀랜드 시청사' 건물은 이러한 포스트모던 시대의 건축물의 특징을 유감없이 보여 주는 대표적 사례이다. '포틀랜드 시청사'는 얼핏 보기에는 생일 축하 케익의 포장 박스를 연상시키는 듯한 느낌을 준다. 건물의 외관이 생일 축하 케익의 리본이나 촛대와 같은 형태로 장식되어 있기 때문이다. 하지만 이 건축물에는 그리스나 이집트 시대의 건축적 요소들 또한 자유롭게 차용되어서 사용되고 있다. 포틀랜드 시청사에는 과거의 건축물에서는 상상하기 어려웠던 그리스와 이집트, 그리고 팝아트적인 감각의 현대적 포장지에 이르는 다종다양한 이질적 장르들이 서로 뒤섞여 있다. 이처럼 포스트모던 시대의 예술은 역사적 시기나 국경의 다름에 관계없이 서로 다른 장르와 전통을 자유롭게 인용하고 뒤섞어서 새로운 예술을 창조한다는 공통점을 지니고 있다.

흔히 '잡종'이나 '혼성' 그리고 '혼종' 등으로 불리는 장르 파괴적인 경향은 기존의 장르에 대한 권위와 정통성을 인정하지 않는다. 유목적 문화가 서로 다른 이질적 문화 간의 결합을 통한 새로운 문화의 창조 활동을 의미하듯이 장르 파괴적인 문화 현상 또한 혼합과 혼종을 통한 이질적 문화의 창조를 목표로 하고 있다. 이러한 하이브리드적인 사고는 과거의 전통이나 인습에 얽매이지 않고, 그렇다고 과거를 전면적으로 부정하지도 않으면서 과거와 더불어 자유롭게 놀이한다는 공통점을 지닌다. 흔히 말하는 전통이나 정체성, 그리고 장르의 고유한 규칙 등은 반드시 지켜야만 하는 규범을 의미하지 않는다. 그것들은 새로운 예술적 창조를 위한 다양한 소재에 불과하며 이러한 소재 간의 혼성적 결합을 통해서 새로운 문화 현상을 창조하는 것이다. 앞서 살펴보았듯이 이러한 혼종 문화의 성격은 전 세계적인 이동의 보편화와 이질적인 문화적 인간들의 만남을 통해서 증폭되어 왔다.

한국 사회에서의 장르 파괴, 그리고 미래

오늘날 한국 사회 또한 이러한 문화적 세계화와 이민족 간의 이동에서 자유로울 수 없다. 농촌 총각들 중에는 베트남 처녀들과 결혼하는 사람들이 늘어나고 있으며 외국인 노동자의 모습 또한 쉽게 접할 수 있다. 아울러 외국인 노동자의 입장에서 본 한국의 현실을 비판하는 개그 프로그램이 인기를 끈 바 있다. 따라서 우리 사회역시 서로 다른 이질적 문화의 결합이 단지 예술적 차원에서만 일어나는 현상이 아니라는 점을 분명하게 인식할 필요가 있다. 오늘날의 한국 사회 안에서도 이민족들의 공동체인 디아스포라가 형성되고 있으며 이러한 문화는 단지 자신들만의 한정된 이주 공동체의 문화만으로 끝나는 것이 아니라 한국 사회의 문화에도 많은 영향을 줄 것이 분명하다.

전통적으로 한국 사회는 전통과 규범, 그리고 단일 민족이라는 집단적 정체성에 대한 인식이 대단히 강한 나라였다. 따라서 다른 것들과 섞이지 않는 순수성에 대한 고집이나 정열 또한 대단히 강했다고 할 수 있다. 이러한 순수성에 대한 고집은 일종의 엄숙주의를 낳고, 아울러 엄숙주의는 다양성에 대한 사회적 요구를 무시하고 사회 문화를 획일화시키려는 독재적 경향을 낳게 된다. 이러한 순수성에 대한 고집이 낳은 인종적 편견의 대표적인 예가 인순이나 윤수일 등과 같은 혼혈인들에 대한 사회적인 차별 대우였다. 그들은 엄연히 한국 사람임에도 불구하고 단지 피부색이 다르다는 이유만으로 부당한 사회적 시선을 감내해야만 했다.

그러나 지금까지 살펴본 장르 파괴와 하이브리드적인 문화 창조는 이른바 혼혈적 사고 속에서야 가능하다. 기존의 장르를 고정된 규범으로 받아들일 때 새로운 혼합적 문화 창조의 정신을 발생하지 않는다. 자신의 문화와 정체성을 강조하는 것이 타 문화와의 교류와 융합을 부정하는 것으로 이어질 때 새로운 문화 창조의 가능성은 억압당하게 된다. 다행히도 우리 사회는 세계화의 진전과 타 인종과의 교류와 만남을 통해서 이러한 장르 파괴적 문화 현상을 사회적으로 수용할 수 있는 물질적 기반을 확보하고 있다고 말할 수 있다. 또한 수많은 한국인들이 외국의 다양한 분야에서 활동하고 있는 것도 이러한 혼합 문화 창조의 물질적 기반이라고 할수 있다.

어쩌면 포스트모던 시대의 예술이 보여 주고 있는 장르 혼합, 이질적 문화 간의 결합은 문화 자체의 근본적인 성격을 재정의하고 있는 것인지도 모른다. 흔히 문화는 사회 집단의 정체성을 규정하는 핵심적인 가치를 표현하고 있는 것으로 여겨진다. 이럴 때 문화는 사회 집단의 정체성을 대변하는 고전적 규범으로 인식될 가능성이 높다. 그러나 애당초 하늘에서 뚝 떨어진 문화란 존재할수 없으며 문화는 서로 다른 문화끼리 충돌하고 교류하면서 발전하는 것이다. 이러한 시각에서 볼 때 장르 파괴나 이질적인 문화 간의 융합은 오늘날 갑자기 생겨난 것이 아니다. 그것은 역사 이래 지속되어 온 현상이라고 볼 수 있으며, 따라서 장르 파괴나 장르 혼합의 경향은 분명 일시적인 유행으로 끝나지만은 않을 것이다. 그것은 다종다양한 예술 영역에서 폭넓게 발전해 나갈 것이며 비단 예술 영역에만 국한된 것이 아니라 사회 문화 전반에 새로운 문화적 결합을 요구하고 창조해 나갈 것이다.

모든 문화는 억압을 극복하면서 새로운 문화로 거듭난다. 장르를 파괴하는 것, 그것은 새로운 장르를 개척하는 것이며, 장르를 혼합하는 것, 그것은 새로운 문화를 창조하는 행위에 다름 아니다. 누벨바그 영화의 신기원으로 평가되는 장 뤽 고다르(Jean-Luc Godard)의 영화 제목은 〈네 멋대로 해라〉이다. 기존의 관습과 장르에 얽매이지 말고 네 멋대로 하는 것, 그것이 오늘날의 문화에 요구되는 기본적인 태도라도 할 수 있다. 하물며 예술의 영역에서야 두말할 나위가 있으랴.

2005 성균관대 정시 |

아래 제시문은 근래에 음악계에서 일고 있는 현상을 보고한 글이다. 이 현상이 문화 발전에 대해 시사하는 바를 논술하시오.

제시문

클래식과 대중음악은 그 동안 서로의 영역을 침범하지 않고자 노력해 왔다. 그러나 20세기의 후반부에 들면서 이러한 장벽은 깨어질 수밖에 없었다. 그 단초가 '크로스오버(crossover) 음악'이란 형태로 나타났다.

크로스오버 음악의 위상을 제대로 세운 사람으로는 뭐니 뭐니 해도 클로드 볼링을 빠뜨릴 수 없다. 그는 클래식에서 출발하여 재즈를 거쳐, 영화 음악과 크로스오버 음악으로 나아갔다. 1976년에 장 피에르 랑팔과의 공동 작업으로 발표한 음반 '플루트와 재즈 피아노 트리오를 위한 모음곡'은 미국 빌보드 차트에서 무려 530주 동안이나 머무는 경이적인 기록을 남겼다. 이 행복한 클래식과 재즈의 만남은 많은 후예들을 탄생시켰는데, 바이올린의 피커스 주커만, 첼로의 요요 마, 클래식 기타의 알렉산드르 라고야, 트럼펫의 모리스 앙드레, 피아노의 엠마누엘 엑스 등 현역 명연주자들이 각각 자신의 악기와 볼링의 재즈 피아노를 결합한 음반을 취입했다. 볼링의 음반 작업이 크로스오버 운동에 끼친 공로는 이전까지의 크로스오버 음악이 기존의 팝이나 클래식 곡에 대한 편곡 위주로 진행되어 왔는데 비해, 크로스오버를 위한 고유의 곡을 작곡했고, 이를 정상급 클래식 연주자들로 참여하게 만들어 크로스오버 음악의 질적 평가와 권위를 높여 주었다는 점에 있다.

볼링의 성공 이후에 나타난 또 하나의 분수령은 테너 플라치도

도밍고였다. 1982년 그가 존 덴버와 함께 〈퍼햅스 러브〉음반을 발매할 당시만 해도 미국의 음악계가 시끌벅적할 정도였다. 마치 이후 우리나라에서 테너 박인수와 대중 가수 이동원이 정지용의 시를 바탕으로 한 노래 〈향수〉를 불러 레코드로 발매할 때의 시끄러움과 같은 것이었다. 그러나 결과적으로 도밍고의 시도는 성공을 거두었다. 굳이 따지자면 크로스오버 음악이 하나의 움직임으로 정착된 것은 이즈음부터라고 해야 할 것이다. 이 시기부터 수많은 크로스오버 음반들이 줄을 이었다.

디아스포라

외국에 있는 '코리아 타운'은 한국인 이주민들의 집단 거주 지역을 의미한다. 국경을 넘고 문화적 정체성이 확연하게 다른 외국으로 이주한 사람들은 자신들의 경제적 이익의 확보와 문화적 정체성의 확보를 위해서 이와 같은 집단 거주 지역 내에 살게 되는 경우가 많다. 그러나 이러한 이국의 집단 거주 지역은 단지 자신들의 문화적 정체성만을 지키고자 하는 것이 아니라 타 민족, 타 인종들의 문화와 서로 교류하는 지점으로도 존재한다. 특히 미국과 같은 다인종 사회에서는 이러한 소수 인종들의 집단촌은 단지 독립적으로 존재하는 것이 아니라 자연스럽게 서로 다른 문화 속에 노출되며 융합되게 된다. 이들은 자신들의 문화적 정체성만을 배타적으로 주장하지 않고 자신들과 유사한 처지에 놓여있는 타 문화에 대해서도 대단히 개방적인 태도를 취하게 된다. 애당초 문화가 자족적으로 존재하는 것이 아니라 서로 다른 문화의 교류와 융합을 통해서 발전하는 것이라고 볼 때 이러한 이주민들의 집단촌은 새로운 문화를 꽃피우는 물질적인 조건으로 작용한다.

세계화가 가속되고 국경을 넘는 유목민들의 수가 증가하고 있는 오늘날에 있어 이러한 디아스포라(이주민 집단 공동체) 문화를 개방적이고 혼합적인 새로운 문화를 낳는 결정적인 역할을 담당할 수 있다. 흔히 '하이브리드'라는 말로 대표되는 오늘날의 문화적 혼합은 사실상 이러한 이산(離散)공동체 즉, 디아스포라의 존재 없이는 발달하기 어려웠을 것이다.

17 _____ 진짜보다

가짜가

더 진짜 같은

이유는 무엇인가?

도회 안에서 쫓겨다니는 듯이 사는

나의 일이며

어느 소설보다도 신기로운 나의 생활이며

모두 다 내던지고

점잖이 앉은 나의 나이와 나이가 준 나의 무게를 생각하면서

정말 속임 없는 눈으로

지금 팽이가 도는 것을 본다

그러면 팽이가 까맣게 변하여 서서 있는 것이다

누구 집을 가 보아도 나 사는 곳보다는 여유가 있고

바쁘지도 않으니

마치 별세계같이 보인다

팽이가 돈다

팽이가 돈다

- 김수영, 〈달나라의 장난〉 중에서

진짜가 가짜가 되는 현실

시인 김수영은 〈달나라의 장난〉이라는 시에서 자신의 인생을 '어느 소설보다도 신기로운 나의 생활'이라고 노래한 바 있다. 산업화와 근대화로 일컬어지는 속도 문명의 급격한 흐름 속에서 시인은 허구적 상상력에 기반한 그 어떤 소설보다도 자신의 인생이 더 신기하다고 느꼈던 것이다. 따라서 대도시의 삶에 정신없이 휩쓸려 다니는 시인의 눈으로 볼 때는 멀쩡하게 돌아가고 있는 팽이놀이의 장면이 오히려 별천지같고 달나라의 장난처럼 느껴졌던 것이다. 그러나 불행히도 시인이 요절한 이듬해인 1969년 인류는 그동안 신화 속의 영역에서만 자리를 잡고 있던 달나라에 최초의 우주선을 착륙시켰다. 신화는 깨어졌다.

더 이상 달나라는 계수나무 아래서 토끼들이 떡방아를 찧고 있는 낭만적인 장소가 아니었다. 무슨 이유인지는 몰라도 아폴로 11호의 탑승 이전에 한국을 방문한 바 있던, 인류 최초의 우주인 닐 암스트롱(Neil Alden Armstrong)은 그의 첫 착륙 소감을 "이것은 한 인간의 작은 걸음이지만, 인류를 위해서는 거대한 도약의 일부이다."라고 밝힌 바 있다. 철학자 한나 아렌트(Hanna Arendt)는 이러한 기술 문명의 오만과 자만에 대해서 인간은 '지구적 존재'일 뿐이라며 우주적 영역으로 뻗어 나가고자 하는 인간 이성의 욕망에 대한 강력한 경고의 메시지를 보낸 바 있다. 그렇지만 TV 화면을 통해서 암스트롱의 우주 유영 장면을 지켜보던 대부분의 지구인들은 이 신기한 장면에 환호성을 질렀다. 일찍이 쥘 베른(Jules Verne)의 소설이나 조르쥬 멜리에스(Georges MAlíνs)의 영화를 통해서 공상 속에서나 가능했던 달나라 여행이 비록 스크린을 통해서이긴 하지만 자신들의 눈앞에서 생생하게 벌어지고 있는 것이다. 시인의 말과는 달리 신기로운 것은 단지 개인의 생활만이 아니다. 정말이지, 꿈같은 일들, 거짓말같은 일들이 현실 세계에서 일어나고 있는 것이다. 만약 시인이 요절하지 않고서 이 장면을 지켜보았다면 뭐라고 노래했을까?

그러나 이러한 꿈같은 일들의 실현은 역설적으로 현실과 환상의 관계를 흐릿하게 만든다. 현실 속에서 꿈같은 일들을 자주 경험하는 사람들에게 개인적인 체험은 더 이상 과거와 같은 의미를 지니지 못한다. 더욱이 대중매체의 발달과 복제 기술의 확산은 사람들에게 이러한 간접 체험의 영역을 확장시킴으로써 자신이 발을 디디고 있는 현실에 대한 무게감을 잃게 만든다. 애당초 부재의 증명을 위해서 탄생한 것이 확실한 이미지는, 이제 지속적인 대량 복제를 통해서 이미지 자체가 그대로 존재하고 있음을 당당하게 선포한다. 더 이상 이미지는 부재를 잊기 위한 고통스러운 기억의 증거가 아니라 명백히 존재하는 실체가 된다. 아폴로 11호의 우주선 도착 장면이 명백하게 하나의 이미지로 지구인들에게 다가온 것과 마찬가지로, 그 어떤 정보 전달 매체보다도 직접성을 지니는 이미지는, 진짜를 보조하는 가짜가 아니라 진짜보다 더 진짜 같은 가짜의 지위를 차지하게 된다. 이미지에 열광하고 이미지 자체의 물신적 성격을 믿는 사람들은 이미지의 베일 뒤에 가려진 실체를 깨닫지 못한다. 아니, 깨닫는다고 하더라도 이미지의 마법적인 자기장 속에서 벗어나지 못한 채 이미지보다 못한 현실 세계에 대해서 오히려 실망감을 느끼게 된다. 어쩔 수 없이 사람들은 아폴로 11호의 착륙 장면이라는 압도적인 이미지에 눌려서 더 이상 달을 예전과 같은 눈으로 바라볼 수가 없다. 밤하늘에 보이는 달의 모습은 언제나 아폴로 11호의 착륙 장면과 오버랩되면서 나타난다. 이미지가 현실을 모방한다는, 태고적부터 존재해 왔던 이 단순한 진리는 이제 현실이 이미지를 모방한다는 역전된 모습으로 나타난다. 진짜의 현실이 사라지고 이미지로 치장한 가상의 현실이 그 자리를 차지하는 것이다.

가짜가 진짜의 모습을 은폐하는 세계

그리스의 철학자 플라톤(Platon)은 자신이 수립하고자 했던 철인 국가에서 미술가들을 추방하고자 했다. 현실은 오로지 이데아(idea)의 반영일 뿐이라는, 아주 이상하고도 독특한 관념론을 수립했던 이 철학자에게 미술가들의 노력은 그야말로 헛수고에 지나지 않은 것처럼 보였다. 만약 플라톤의 설명처럼 현실의 사물들이 저 먼 나라에 존재하는 이데아의 세계를 모방하고 반영하는 것에 불과하다면 이러한 현실의 사물을 다시 베끼고 모방하는 그림이야말로 가장 우매한 행위이자 일종의 사기술에 불과한 것이다. 따라서 플라톤은 자신의 관념론적 철학의 성채 속에서 이러한 가짜의 이미지들을 추방하려고 노력했다. 그러나 플라톤의 노력은 여기서만 끝난 것이 아니었다. 그는 문자 문화에 대한 구술 문화의 우월성을 주장하면서 진리의 물질화에 대한 끈질긴 반대 심리를 주장하였다.

애당초 문자는 말의 보조 수단으로 성립된 것이다. 휘발성이 강한 말은 비록 진리의 담지자이기는 하지만 곧바로 사라진다는 특성을 지닌다. 그러므로 문자는 이러한 말의 휘발성을, 물질이라는 고정된 틀 속에 담고자 하는 인간 노력의 산물이다. 그렇지만 일단 문자 문화가 성립하게 되면 인간은 그것이 지니고 있는 한계를 인식하지 못한 채 문자 속에 진리가 있는 것처럼 착각하게 된다. 소크라테스(Socrates)의 제자였던 플라톤답게 그는, 진리는 대화를 통해서 간신히 드러날 수 있다고 생각했다. 따라서 플라톤의 모든 글은 대화체로 쓰여졌다.

하지만 플라톤이 우려한 것처럼 후대의 사람들은 플라톤의 글 속에서만 이데아의 모습을 찾으려고 노력했다. 그 결과로 사람들은 문자의 벽에 가로막혀 문자 너머에 있는 이데아의 세계로 한발짝도 나아가지 못했다. 이것은 전형적인 가치전도의 현상이다. 애당초 진리의 모습을 보여 주기에는 터무니없이 불충분한 문자임에도 불구하고, 사람들은 그것이 지닌 물질성에 압도되어 문자 속에서 진리를 찾기 위한 부질없는 노력을 계속했다. 한마디로 가짜가 진짜를 압도한 것이다. 플라톤의 입장에서야 통탄할 노릇일지도 모르겠지만 어쨌거나 사람들은 끝없이 플라톤의 문자에 주해를 달고 주석을 붙이면서 플라톤의 사상에 접근하려는 노력을 멈추지 않았다.

비록 오늘날의 세계에서 아무도 플라톤이 주장한 이데아의 세계를 진지하게 믿는 사람은 없지만, 가짜나 사이비(似而非, 겉으로는 비슷하지만 속은 완전히 다름)들이 진짜와 참된 진리의 본모습을 은폐하고 있다고 생각하는 사람들은 여전히 존재하고 있다. 더욱이 마샬 맥루한(Herbert Marshall Mcluhan)의 '미디어가 메시지다.'라는 알듯 말듯한 구호가 세상을 떠들썩하게 만든 이후에 이러한 견해는 더욱 지배적이 되었다. 맥루한의 견해에 따르면, 메시지는 저 홀로 머나먼 곳에 독야청청 외롭게 존재하는 것이 아니라, 미디어라는 필터 속에서 존재하고 있다는 것이다. 그 어떤 메시지도 미디어를 통과하지 않고서는 메시지로서의 자격을 확보하지 못한다는 것이다. 따라서 미디어는 메시지 그 자체가 되며, 필터는 단지 필터로서만 존재하는 것이 아니라는 것이다. 필터 없이 메시지가 존재할 수 없다고 한다면, 달리 무슨 말이 더 필요하랴. 그 필터 자체가 메시지인 것을.

맥루한이 살고 있던 시대는 본격적인 TV 매체가 전 세계의 안방을 점령하고 있던 시대였다. 플라톤이 구술 문화의 문자 문화의 경계지점에 서 있었다면, 맥루한은 문자 문화와 이미지 문화의 경계지점에 서 있었던 사람이었다. 그러나 플라톤이 구시대의 구술 문화를 옹호한 것과는 달리 맥루한은 새롭게 등장한 이미지 문화의 편을 들어 주는 쪽을 선택했다. 어쨌거나 문자 문화는 맥루한과 플라톤 모두에게 버림받는 비참한 신세가 되었지만, 맥루한은 인쇄술의 발달과 함께 오로지 시각적 기능에만 의존한 이 따분한 문자 문화에 대해서 '구텐베르크 은하계'라는 제법 멋있는 이름을 지어 주었다. 하지만 맥루한의 입장에 따르면 이제 구텐베르크 은하계의 시대는 끝났다.

이미지 매체의 등장은 인간의 다양한 감각을 활용할 수 있는 새로운 길을 열어 주었다. 그리고 인간은 보다 많은 정보 전달력과 감각 기관의 활용이 가능한 새로운 미디어를 얻었다. 이는 과거의 구술문화만큼이나 위대한 커뮤니케이션 능력의 발전에 해당한다. 이러한 맥루한의 입장을 이해한 것인지는 모르지만 언젠가 영화감독인 알프레드 히치콕(Alfred Hitchcock)은 자연주의 소설의 지루한 묘사 수법에 대해서 한마디로 잘라 말한 적이 있었다. "나 같으면 영화의 한 장면으로 찍고 말았겠소."

가짜와 진짜가 전도되는 세계

그러나 이미지 시대의 본격적인 도래는 아무래도 맥루한의 낙관적인 예측과는 다른 방향으로 흘러가고 있는 느낌이다. 순수하게 정보 전달이라는 측면에서만 볼 때 이미지 매체는 문자 매체나 혹은 다른 어떤 매체보다도 더 많은 정보 전달력을 가지고 있는 것이 사실이다. 예를 들어서 전쟁의 참혹상을 전달하고자 할 때 문자 매체보다는 청각 위주의 매체인 라디오가 더 나을 것이고, 라디오보다는 시청각을 모두 활용할 수 있는데다 이미지라는 대단히 직접적인 매개체를 본격적으로 활용할 수 있는 TV가 훨씬 더 생생한 정보를 전달한다는 것은 의심의 여지가 없다. 비록 사진 매체이기는 하지만 로버트 카파(Robert Capa)의 '어느 스페인 병사의 죽음'은 그 어떤 매체보다도 더 생생하게 죽음과 전쟁의 순간을 재현하고 있다. 아무리 뛰어난 문학가도 아무리 뛰어난 성우라고 할지라도 카파의 사진만큼 이 순간을 실감나게 전달할 수는 없을 것이다. 그리고 로버트 카파의 또다른 작품인 '노르망디 상륙 작전' 또한 흔들리는 사진 촬영의 기법적 도움을 받으면서 2차 대전의 가장 역사적인 순간의 떨림을 효과적으로 전달하고 있다.

그러나 카파의 '노르망디 상륙 작전'과 동일한 순간을 다루고 있는 스티븐 스필버그(Steven Spielberg)의 〈라이언 일병 구하기〉에 오면 상황은 달라진다. 사운드 효과의 비약적인 발전의 도움을 받으면서 스필버그는 영화의 초반부의 상당히 많은 부분을 노르망디 상륙 작전을 재현하는 데 바치고 있다. 흔히 연합군이 승리하는 데 결정적인 계기가 된 전투가 노르망디 상륙 작전이라고 상식적인 수준에서 이해하고 있는 관객들에게 스필버그는, 사실은 그 전투가 대단히 치열한 생과 사의 현장이었음을, 미국의 해병대가 노르망디 해안에 미처 상륙하기도 전에 얼마나 많은 병사들이 독일의 기관총 세례에 목숨을 잃었는가를, 카파의 낭만적인 사진과는 달리 노르망디의 푸른색 바다가 선홍색 피로 벌겋게 물들 정도의 무시무시한 전장이었음을 사실적인 영상미를 동원해서 보여 주는데 성공하고 있다. 그런데, 그럼에도 불구하고 이 장면을 보면서 진정으로 전쟁의 비참함을 느끼고 생과 사의 갈림길에 선 병사들의 불행한 운명에 대해서 진정으로 공감하는 사람들은 생각보다는 많지 않을 것이다. 대부분의 사람들은 스필버그의 영상에 찬사를 보내고 때로는 지나치다 싶을 정도의 묘사에 얼굴을 찌푸리기도 하지만 좀 더 많은 리얼함을 요구하고, 좀 더 많은 '드라마틱'을 요구하는 모순적인 입장을 취하게 된다. 실제의 전쟁보다도 훨씬 더 압축적으로 전개되고 실제의 전쟁보다도 훨씬 더 생생한 영상과 사운드 기술이 투입된 전투 장면을 지켜보면서, 관객들은 역설적으로 전쟁을 잊게 되는 것이다. 여기서 진정으로 리얼한 영상은 사실은 전혀 리얼하지 않은 영상이 되고, 전혀 리얼하지 않은 영상이 진정으로 리얼한 영상이 되는 전도 현상이 발생한다. 플라톤이 우려한 가짜와 진짜의 전도 현상이 여기서 일어나는 것이다.

카파의 사진인 '어느 스페인 병사의 죽음'의 영향을 받은 것이 확실한 또 다른 전쟁 영화인 피터 위어(Peter Weir)의 〈갈리폴리〉는 리얼한 영상이라는 관점에서 볼 때 〈라이언 일병 구하기〉와는 완벽하게 다른 대척점에 서 있다고 할 수 있다. 사실상 제대로 된 전투 장면을 단 한 번도 보여 주지 않았다고 해도 과언이 아닌 이 영화가, 어떤 의미에서는 스필버그의 〈라이언 일병 구하기〉보다 더 많은 전장의 비참함을 보여 준다고 한다면 지나치게 무리한 해석이 되는 것일까?

가짜가 진짜를 지배하는 시뮬라시옹

가짜가 진짜를 지배하고 가짜가 진짜보다 더 리얼하게 느껴지는 오늘날의 세계를 '시뮬라시옹(Simualtion)'이라고 명명한 바 있는 프랑스의 사회학자 장 보드리야르(Jean Baudrillard)는 포르노와 관련해서 매우 중요한 언급을 남긴 바 있다. 인류 역사상 포르노처럼 극사실주의적인 이미지는 존재하지 않았다고 해도 과언이 아니다. 포르노는 인간의 성기를 엄청나게 확대해서 아주 세밀하게 보여 줌으로써 역설적으로 인간의 성기를 망각하게 만든다. 그 누구도 일상의 삶에서 그렇게까지 확대된 성기를 본 적이 없다. 따라서 포르노의 극사실주의적인 국부 촬영은 사실상 가짜에 해당한다. 그것은 지나치게 현실을 생생하게 보여 줌으로써 오히려 현실을 망각하도록 유도한다.

어떤 경우에도 지나치게 생생한 현실이란 존재하지 않는다. 따라서 포르노는 가짜다. 포르노는 우리가 알고 있는 구체적인 성기가 단 한 번도 등장하지 않는 완벽한 허구의 영상이다. 보드리야르의 이러한 논리는 지나치게 많이 보여 줌으로써 사실은 아무 것도 보여 주지 않는다는 시뮬라시옹의 전략을 잘 표현하고 있다. 앞에서 언급한 〈라이언 일병 구하기〉의 경우도 동일한 논리를 적용할 수 있을 것이다. 지나치게 생생한 전투 장면은 사실은 허구에 불과하다. 게다가 2차대전과 〈라이언 일병 구하기〉 사이에는 베트남 전쟁이라는 또 하나의 거대한 전쟁이 역사적으로 존재한다. 〈라이언 일병 구하기〉는 노르망디 상륙 작전을 생생하게 재현함으로써 베트남 전쟁을 망각하게 만드는 데 봉사한다.

보드리야르는 자신의 시뮬라시옹 이론을 이라크 전쟁에도 적용시키고자 한다. 상당히 많은 논란을 불러일으켰던 보드리야르의 이라크 전쟁론을 한마디로 언급한다면, 전쟁을 컴퓨터 게임과 같은 그래픽 화면을 통해서 보여 줌으로써 사람들에게 전쟁의 참상을 은폐시키고 전쟁을 마치 전자 오락과 같은 느낌이 들도록 조작한다는 것이다. 이것은 물론 1차 이라크 전쟁의 이야기이다. 패트리어트 요격형 미사일의 스커드 미사일 격추 장면은 이러한 보드리야르의 이론이 상당한 설득력이 있음을 보여 준다. 실제로 그다지 명중률이 높지 않았던 패트리어트 미사일의 얼마 안 되는 성공 사례를 보여 줌으로써 미국은 자신의 군사적 기술의 우위성과 자국민에게 이라크 전쟁에 참가한 병사들이 절대적으로 안전할 수 있다는 점을 강조하는 데는 성공했다.

그러나 보드리야르의 이라크 전쟁 시뮬라시옹 이론은 그의 포르노 이론과 비추어볼 때는 상당히 후퇴한 듯한 느낌을 주는 것 또한 사실이다. 포르노가 너무나 많은 것을 보여 줌으로써 아무 것도 보여 주지 않는 전략이라고 한다면, 이라크 전쟁은 사실상 전통적인 보도 통제에 해당한다. 미국은 자신들이 보여 주고 싶은 것만을 선별적으로 보여 주었던 것이다. 물론 제한된 영상이 주는 매력 또한 엄연히 존재하고 있었던 것은 분명하지만 말이다.

영화 〈매트릭스〉에서 현실과 가상의 세계인 매트릭스의 구분이 잘 되지 않은 이유는 가상의 공간인 매트릭스가 현실보다 더 리얼하기 때문이다. 그렇기 때문에 가상의 공간에 거주하는 사람들은 자신들이 매트릭스 속에 살고 있다는 사실을 깨닫지 못한다. 아놀드 슈왈츠제네거 주연의 화성 여행을 다룬 〈토탈 리콜〉 역시 동일한 계열에 속한다. 아놀드는 실제로 화성에 가는 것보다는 컴퓨터 칩을 꽂은 채 뇌세포 속의 여행을 떠나는 상품을 구입하는 데 동의한다. 왜냐하면 그것이 실제로 화성을 여행하는 것보다 더 리얼하기 때문이다. 그가 상상하고 꿈꾸는 것이 현실 세계보다는 가상 공간에서 훨씬 더 리얼하게 벌어질 수 있기 때문이다. 짝퉁이 진정으로 짝퉁이 되기 위해서는 진짜보다 더 진짜 같아야만 한다. 그래야만 진짜와 가짜의 전도 현상이 일어나게 되며 진짜보다 더 매혹적인 가짜들의 시뮬라시옹 잔치가 벌어진다.

고대의 철학자 플라톤이 가장 우려했던 것 또한 바로 이 점이었을 것이다. 말이 지닌 휘발성보다는 문자가 지닌 고착성이 훨씬 더 매력적이었던 것이다. 고대 그리스의 조각이 매력적이었던 이유는, 피그말리온(Pygmalion, 그리스신화에 나오는 키프로스의 왕)이 굳이 자신의 조각에 생명을 불어넣기를 희망했던 이유 또한, 현실 속의 그 어떤 여자도 갈라테이아(Galateia, 피그말리온이 조각한 조각상의 여인)보다 아름답지 않았기 때문이다. 청소년들이 격투기 대전 게임을 즐겨하는 이유 또한 마찬가지다. 현실의 싸움보다는 철권이나 킹 옵 파이터와 같은 격투 대전 게임이 훨씬 더 짜릿하기 매혹적이기 때문이다. 만일 '멜론바'를 좋아하는 사람이 실제의 멜론을 먹으며 맛이 없다고 느낀다면, 그것은 그가 멜론바의 맛에 더 매력을 느꼈기 때문이다.

시뮬라시옹은 매력적인 가짜들이 출몰하는 세계다. 그리고 그것은 현실보다 더 리얼한 현실을 요구하는 사람들의 욕망과 맞물려 있다. 가짜가 진짜를 지배하는 세상. 놀이공원의 엑스터시가 삶이 주는 충만함보다 훨씬 더 많은 쾌감을 주는 세상.

보드리야르는 《시뮬라시옹》이라는 책에서 '지도가 세계를 덮고 있다.'는 구절을 인용하고 있다. 그러나 그 지도는 분명 우리가 살고 있는 현실보다도 훨씬 더 세밀하고 매혹적이어야만 한다. 마치 우리가 볼 수 없는 곳까지도 세밀하게 관찰하는 인공위성의 초정밀 사진과도 같이 말이다.

2003 연세대 정시 인문 |

이미지에 대해 다음과 같은 세 가지 관점이 있을 수 있다.

1. 이미지는 심오한 현실을 표현한다.

2. 이미지는 심오한 현실을 은폐하고 변질시킨다.

3. 이미지는 심오한 현실과는 관계가 없다.

아래 제시문을 바탕으로, 구체적인 사례를 들어 세 가지 관점을 각각 설명하고 자신의 입장을 논하시오.

제시문 (가) 그렇다. 바로 그림은 이렇게 그리는 것이다. 대상을 정확히 관찰하여 그 물성을 터득한 다음, 그 표현에 알맞은 화법을 찾아내어 익숙하게 손에 익히고 나서 거침없이 이루어내야 하는 것이다. 그 화법을 전통 속에서 찾아내든 외래 것에서 빌려오든 그것은 그리 큰 문제가 되지 않는다. 다만 그 표현에 알맞은, 그래서 남이 공감할 수 있는 화법이면 되는 것이다.

— 최완수, 《겸재 정선 진경산수화》

제시문 (나) 광고회사에서 일하는 사진작가가 어느 날 한 청년이 요트를 타며 정말로 '자발적'으로 멋들어진 포즈를 취하고 있는 현장을 포착했다고 생각해 보자. 광고회사는 이 청년을 통해서 애프터 셰이브의 쾌적함을 표현하기 위해, 이미지와 설명문의 수사학이라는 이중의 테러리즘을 사용한다. "깔끔한 남자가 되십시오. 매일 아침 멋있는 남자가 되어 자신도 만족하고 여자에게도 만족을 주십시오. 이 애프터 셰이브를 사용하든가, 아니면 별 볼일 없는 남자가 되든가…… 명심하시라."

—앙리 르페브르, 《현대세계의 일상성》

제시문 (다)　　* Ceci n'est pas une pipe : 이것은 파이프가 아니다.
　　　　　　　　—르네 마그리트, 〈이것은 파이프가 아니다〉

모네의 루앵 성당과 앤디 워홀의 마릴린 먼로

인상파 화가 모네(C. Monet)의 유명한 〈성 루앵 성당〉 연작이 있다. 빛의 세계를 탐구하고자 했던 이 화가는 루앵 성당의 여러 가지 모습을 일련의 시리즈로 화폭에 담았다. 새벽녘의 루앵 성당, 해거름의 루앵 성당, 흐린 날의 루앵 성당, 맑은 날의 루앵 성당. 마치 시간적 간격을 두고서 찍은 사진 작품처럼 모네의 '루앵 성당'은 여러 가지 모습으로 우리에게 다가온다.

미술사적인 의미에서 인상파의 실험의 의미와는 별도로 이 작품은 우리에게 '진짜란 무엇인가' 혹은 '진짜란 존재하는가'라는 철학적 질문을 던져 준다. 사실 맑은 날의 루앵 성당도 흐린 날의 루앵 성당도 모두 루앵 성당인 것이다. 만약 누군가가 맑은 날의 루앵 성당이 진짜 루앵 성당의 참모습이라고 한다면 그것은 어디까지나 자신의 세계관을 강요하는 것에 불과할 뿐이다. 어떠한 의미에서도 진짜 루앵성당은 없다. 다만 다양한 루앵 성당이 존재할 뿐이다.

현대 예술에서 팝 아트의 선구자로 불리는 앤디 워홀(Andy Warhol)은 특유의 실크 스크린 프린팅 기법을 이용해서 수많은 마릴린 먼로의 사진을 합성한 〈마릴린 먼로〉라는 작품을 제작하였다. 여기서 앤디 워홀이 묻고자 하는 바도 기본적으로는 모네의 '루앵 성당' 연작과 동일한 것이다. '과연 누가 진짜 마릴린 먼로인가', 혹은 '진짜 마릴린 먼로는 존재하는가'.

우리는 신문기사나 관련자료, 혹은 옛날의 영화들을 통해서 마릴린 먼로의 모습을 단편적으로 접할 수 있다. 그러나 과연 그 누가 진짜 마릴린 먼로를 알고 있다고 자신 있게 말할 수 있을 것인가? 사실 마릴린 먼로는 앤디 워홀의 그림에서처럼 다양한 모습으로 단편적으로 존재하고 있었던 것은 아닐까?

모네의 작품과 앤디 워홀의 작업은 진짜와 가짜의 관계라는 전통적인 철학의 영역을 근본적으로 부정하고자 한다. 진짜를 말하는 순간 우리는 진짜의 권위에 종속되고, 진짜의 정당성을 인정해주게 되고, 진짜의 지배를 용인할 수밖에 없다. 그렇지만 그 진짜라는 것도 따지고 보면 어디까지나 다양한 것들 중에 하나인 것이다. 그렇다면 진짜는 없는 것이다. 따라서 가짜인 것도 없다.

그렇다면 남는 것은? 그것은 오로지 다양성일 뿐이다.

18

패러디는

원본을

훼손하는가?

단군 신화에 따르면

환웅이 무리 삼천을 거느리고

신단수 아래로 내려와 신시를 열었을 때

곰 한 마리와 범 한 마리가

같은 굴에서 살고 있었다고 한다.

둘은 늘 사람이 되기를 소망하였는데

이들에게 신이 나타나서

쑥 한 심지와 마늘 스무 개를 주면서 말했다.

"너희들이 이것을 먹고

백 일 동안 햇빛을 보지 않는다면

곧 사람의 모습을 얻게 될 것이다."

그럼, 이 스토리의 결론은 어떻게 되었을까?

대한민국 사람이면 누구나 알고 있는 것처럼

불행하게도 성질 급한 호랑이는

인내력 테스트에서 곰의 상대가 되지 못한다.

애당초 대전 방식 자체가

호랑이에게 불리하도록

짜여져 있었던 것이다.

원본의 의미를 훼손하려는 패러디

어쨌거나 호랑이와의 맞대결에서 승리한 곰은 마침내 여자로 변신하는 데 성공하고 신화는 이 여인의 이름을 웅녀라고 기록하고 있다. 결국 인내력 테스트에서 절대적 강자임을 증명한 바 있는 웅녀는 환웅의 아들까지 임신하게 되는데, 웅녀가 낳은 이 아들의 이름이 단군이라는 것 또한 대한민국 사람이라면 누구나 다 아는 이야기이다.

그런데 한 가지 궁금증이 생긴다. 곰이 사람으로 변신하고, 사람 중에서도 하필이면 여자로 변신하고, 또 그 여자의 아들인 단군이 1,908살까지 살았다는 신화적 기록이야 그럴 수 있다고 치자. 도대체 동굴 속 인내력 테스트에서 패배자로 낙인 찍혔던 호랑이의 삶은 어떻게 되었을까?

제11회 문학동네 소설상 수상작인 박진규의 《수상한 식모들》은 단군 신화 속에서 버림받은 호랑이의 역사와 계보를 뒤지는 작품이다. 소설은 신화 속에서 사라진 호랑이의 삶을 본격적으로 추적한다. 호랑이는 그냥 사라져 버린 것이 아니다. 웅녀에게 치명적 패배를 당하며 역사의 본 무대에서 쫓겨났던 호랑이는 편파적인 대전 방식을 문제 삼기보다는 스스로의 인내력을 기르는 쪽으로 방향을 선회한다. 마침내 각고의 노력 끝에 쑥과 마늘만으로 열 달 동안 끼니를 때우는 데 성공한 호랑이 역시 사람으로 변신하기에 이른다. 새로운 호랑이 여인의 이름은 '범녀', 또 다른 말로는 '호랑아낙'이라고도 부른다. 그러나 역사의 무대에서 패배자가 설 자리는 없었다. 다시 말해서 이미 인고의 여인상으로 '웅녀'의 이미지가 당당하게 자리 잡고 있는 곳에 변덕스러운 '범녀'가 끼어들 틈이 없었던 것이다. 이후 '범녀'들은 전통적인 여인상과는 반대되는 이단의 영역에서 아웃사이더의 삶을 살아간다. 소설의 제목인 《수상한 식모들》은 경제 개발과 근대화 속에서 이른바 서발턴(subaltern, 지위가 낮은 사람이나 계층) 계층으로 남아 있었던 식모들 속에서 암약하고 있던 '범녀'들의 조직 명칭이다. 소설의 줄거리는 이쯤해서 접어두기로 하자.

어쨌거나 《수상한 식모들》이 우리 민족에게는 너무나도 유명한 단군 신화에 대한 직접적인 패러디를 시도하고 있는 것만큼은 분명하다. 웅녀가 단군의 어머니라는 이 자명한 사실이 의미하는 바는 무엇인가? 혹시 단군 신화라는 원본이 가지고 있는 절대적인 권위의 힘을 빌려서 웅녀의 이미지 다시 말해 전통적인 인고의 여인상을 지고의 미덕으로 유포시키기 위한 의도가 있었던 것은 아닐까? 역사 고고학적인 해석인 곰 토템과 호랑이 토템의 대립 문제와는 별개로, 오늘날 단군 신화를 가르치고 학습하는 과정에서 은밀하게 여성들에 대한 억압 시스템이 작동하고 있는 것은 아닐까? 승리자인 웅녀의 이미지를 내세워서 남성 중심의 부당한 사회 체제의 억압에 저항하면서도 희생당한 범녀들의 이야기를 슬그머니 감추려고 하는 것은 아닐까?

《수상한 식모들》이 단군 신화에 대한 일종의 패러디라면, 프랑스의 대표적 소설가인 미셸 투르니에(Michel Tournier)의 《방드르디, 태평양의 끝》은 근대적, 합리적 인간형의 모델처럼 여겨지고 있는 《로빈슨 크루소》에 대한 패러디 소설이다. 프랑스 고교생들이 논술 시험에서 가장 많이 인용하는 도서로 선정된 바도 있는 이 소설에서 투르니에는 원작인 '로빈슨 크루소'가 지니고 있는 문제점을 정면으로 공격하고 있다.

방드르디는 금요일이라는 뜻으로, '로빈슨 크루소'가 무인도에서 만난 원주민 프라이데이의 프랑스식 이름을 말한다. 흔히 '로빈슨 크루소'는 계획성, 합리성, 성실성 등을 발휘해서 무인도의 시련을 견디고 무사히 고향으로 귀환할 수 있었던 것으로 알려져 있다. 다니엘 데포(Daniel Defoe)의 원본 소설과 거의 유사한 내용을 반복하고 있는 이 소설의 초반부에서 로빈슨 크루소는 원주민 방드르디를 자신의 노예로 삼는다. 그러나 일련의 사건을 겪으면서 소설의 내용은 원작의 내용과는 전혀 다른 길을 걷기 시작한다. 문명인인 로빈슨 크루소가 오히려 야만인인 방드르디의 삶의 태도와 가치관에 더 많은 감화를 받게 되는 것이다. 결국, 원작의 결론과는 달리 영국 배인 화이트버드 호의 선원들이 나타나서 자연과 동물을 학살하는 '문명의 야만'을 지켜보면서 로빈슨 크루소는 문명의 세계인 자신의 고향에 돌아가지 않기로 결심한다. 문명인의 위대함에 대한 대표적 소설이라고 할 수 있는 '로빈슨 크루소'라는 원작에 대한 패러디를 통해서 《방드르디, 태평양의 끝》은 문명과

야만이라는 이분법적 도식이 지니고 있는 허구성을 폭로하고 근대적 합리주의가 지닌 배타성과 제국주의적 성격을 적나라하게 드러내는 데 성공하고 있다.

흔히 조롱, 풍자, 모방 등으로 풀이되고 있는 패러디는 위에서 살펴본 두 소설 작품에서 볼 수 있듯이 원본이 지니고 있는 권위를 해체하고 원본 속에 들어있는 지배적 가치관에 대한 전복을 시도한다.《수상한 식모들》이 단군신화가 지니고 있는 반(反)여성주의적 세계관을 해체한다면《방드르디, 태평양의 끝》은《로빈슨 크루소》가 가지고 있는 문명 대 야만의 대립 구도를 근본적으로 전복하려고 한다. 그러나 패러디가 일반적인 의미의 풍자와 다른 것은 그것의 소재와 상상력이 철저하게 원본의 내용에서 출발하고 있다는 점이다. 일반적인 풍자는 적대적인 거리두기를 통해서 풍자의 대상이 지니고 있는 허위와 위선을 폭로하고자 한다. 그러나 패러디는 원본 자체가 가지고 있는 모순성을 원본에 대한 고의적인 비틀기와 뒤집기를 통해서 폭로하고자 한다는 점에서 보다 더 직접적인 공격의 형태를 취한다. 다시 말해 이미 지배적인 담론으로 정착되어 있는 원본의 안정성을 고의적으로 해침으로써 원본의 권위를 훼손하고자 하는 것이다.

패러디의 역설

한국에서 패러디를 가장 대중적으로 알린 것은 아무래도 인터넷의 정치 패러디일 것이다. 특별한 전문적 기술이 없더라도 포토샵과 같은 그래픽 프로그램을 이용하여 네티즌들은 자신들이 원하는 메시지를 쉽게 제작하고 전달할 수 있기 때문에 패러디 기법은 급속도로 확산될 수 있었다. 네티즌들은 주로 신문지상의 유명 사진이나 영화 포스터 등을 밑그림으로 이용해서 원본의 내용을 고의적으로 비틀거나 포토몽타쥬 식의 합성 기법을 사용하였다. 이러한 정치 패러디 물들은 얼핏 보기에는 유치하고 조악한 수준으로 보일지는 몰라도, 세계적인 화가로 잘 알려져 있는 마르셀 뒤샹(Marcel Duchamp)도 일찍이 이러한 기법을 활용해서 미술품을 창조한 바 있다.

공업용 변기를 미술품으로 둔갑시킨 바 있는 뒤샹은 레오나르도 다빈치(Leonardo da Vinci)의 그 유명한 모나리자의 복제품 위에 조악한 콧수염과 턱수염 몇 개만 그려 놓고서 'L.H.O.O.Q'라는 작품명을 붙여 놓았다. 오늘날 그 누구도 뒤샹의 이 작품을 유치하고 조악하다는 이유로 비난하지 않듯이, 인터넷의 정치 패러디 또한 기술적인 달성도보다는 패러디 자체의 신선함과 신랄함에 따라 평가되어야 함은 당연하다. 그리고 정보화 기술의 발달에 따라 이러한 기술적 수준의 부담을 떨어버릴 수 있게 된 점 또한 패러디가 대중적으로 정착하는 데 크게 기여한 것도 사실이다.

비단 인터넷 뿐만이 아니다. 패러디는 이제 새로운 문화적 창조와 수용의 기법으로 정착하고 있으며 문학, 음악, 미술 등의 전통적 예술 영역만이 아니라 영화나 드라마와 같은 대중예술, 그리고 패션 상품에 이르는 다양한 영역에 침투하고 있다. 특히 패션 분야의 패러디는 사회적 양극화 현상의 심화와 명품 브랜드에 대한 과도한 욕망이 넘실거리고 있는 오늘날의 한국 사회에서 즐거운 유희와 날카로운 풍자를 동시에 보여 주고 있다는 점에서 흥미롭다. 한국의 명품 브랜드인 빈폴(BEAN POLE)의 로고와 글자체를 그대로 본따서 만든 BEAN GONE와 같은 패러디 상표는 명품 대 짝퉁, 혹은 명품 대 비명품의 이분법에 대한 노골적인 비아냥을 담고 있다. 또한 빈폴의 외국계 경쟁사인 폴로(POLO)의 브랜드명을 포로(PORO)로 변경시키고, 폴로 경기의 로고 대신 말을 타고 포로에게 채찍을 가하는 로고를 내세움으로써 패러디 패션이 단순한 흥미와 오락 이상의 비판 정신을 드러내고 있음을 보여 준다. 아울러 명품 브랜드의 대명사 중 하나인 프라다(PRADA)의 브랜드명은 B급적 감수성에 입각한 구라다(9RADA)라는 이름으로 변형되어 등장하기도 한다. 이러한 패러디 패션의 유행은 스스로 명품이 아님을 공공연하게 선언함으로써 명품에 대한 극단적 동경을 보여 주고 있는 짝퉁 소비 문화에 대한 풍자적 기능을 수행한다. 아울러 이러한 짝퉁 소비를 낳고 있는 명품 브랜드의 원본적 가치를 노골적으로 훼손함으로써 지배적인 소비 문화의 담론을 해체하고자 하는 욕망을 보여 준다. 그러나 패러디 패션이 원본 브랜드에 대한 인지도를 높이고 원본 소비에 대한 열망을 역설적인 의미에서 부추긴다는 점 또한 무시할 수 없는 사실이다.

패러디는 풍자가 지니는 목적 중심적 경향과는 달리 방법 중심적 경향으로 흐르기 쉬운 약점을 지니고 있다. 이는 패러디가 대중적 기법으로 확산되는 데 크게 기여하기도 하지만, 원본의 권위를 전복한다는 패러디 자체의 원초적인 목적성을 상실하게 하는 측면 또한 지닐 수밖에 없음을 의미한다. 인터넷의 정치 패러디가 모두 다 날카로운 비판과 풍자 정신을 보여 주는 것은 아니며, 패러디 패션의 일시적인 유행이 명품 소비 사회에 대한 직접적인 공격을 의도하는 것만도 아니다. 그리고 원본이 지니고 있는 일부 요소의 차용과 비틀기를 무조건 패러디로만 이해할 수 있는 것도 아니다.

브라이언 드 팔마(B. R. De Palma) 감독의 유명한 갱스터 영화인 〈언터처블〉은 몽타주 기법의 창시자인 러시아의 영화감독 에이젠슈타인(S. M. Eisenstein)의 〈전함 포템킨〉의 오뎃사 계단의 학살 장면을 차용한 것으로 유명하다. 그러나 이것은 어디까지나 에이젠슈타인의 몽타주 기법에 대한 오마주(hommage, 영화에서 존경의 표시로 다른 작품의 주요 장면이나 대사를 인용하는 것)일 뿐이지 패러디라고 부를 수는 없다. 최근 복고풍의 유행과 함께 흘러간 대중가요를 현대적인 감각으로 재해석하는 리메이크 가요들에 대해서도 아무도 패러디라고 부르지는 않는다.

결국 패러디는 원본과의 관계에서 대척점의 자리에 서 있어야 한다. 똑같은 원본 요소의 차용일 경우에도 그것이 노리고 있는 목적에 따라서 패러디가 될 수도 있고 오마주로 분류될 수도 있다. 따라서 패러디가 단순한 방법적 측면으로만 이해되거나 유희와 오락적 측면만이 강조될 경우 패러디가 지닌 창조성은 소멸하고 만다. 어떤 경우에도 패러디는 자신이 의존하고 있는 원본의 권위에 대한 비판적 태도를 견지해야만 패러디로서 존립할 수 있는 자격을 얻는 것이다. 그러나 위와 같은 패러디의 체질적 허약성에도 불구하고 패러디는 이제 빼놓을 수 없는 현대 문화의 영역으로 자리 잡고 있다.

세계적으로 가장 큰 인기를 얻었다고 할 수 있는 첩보물인 007 시리즈의 제21탄의 제목은 〈카지노 로얄〉이다. 하지만 카지노 로얄은 1967년에 제작된 007 영화에 대한 일종의 패러디 코미디 물의 제목이기도 하다. 결국 애당초 007 시리즈에 대한 패러디 물로서 만들어졌던 카지노 로얄이 이제는 당당하게 007 영화의 원본 시리즈물로서 제작된 것이다. 이는 원본과 패러디의 관계의 완벽한 역전 현상이라고도 부를 수 있을 것이다.

패러디는 어디까지나 자신의 창조적 기반을 원본에 의존하고 있다. 그런데 이제 그 원본이 오히려 패러디 물을 다시 차용하고자 하는 것이다. 원본의 비틀기로서의 패러디가 원본의 창조적 영감의 원천으로 작용하고 있다는 사실은 패러디가 엄연한 문화 현상의 일부로 확실하게 자리 잡았음을 보여 준다. 007 시리즈의 제21탄 카지노 로얄의 경우, 작품의 완성도와는 별도로 패러디와 원본의 관계의 역전이라는 점에서 커다란 의미를 지니고 있다고 할 수 있다.

패러디의 존립 근거

모더니즘이 과거와의 단절과 새로운 것의 창조를 강조한다면, 포스트모더니즘(postmodernism)은 과거와의 단절보다는 놀이를, 전적으로 새로운 창조보다는 재해석을 강조하는 입장의 차이가 있다. 그리고 이러한 포스트모더니즘의 경향을 상호 텍스트성이라는 말로 집약시켜서 표현할 수 있다.

이 세상에 진정으로 새로운 창조란 존재하지 않는다. 속된 말로 하자면 '하늘 아래 새로운 것은 없다.'는 뜻이다. 모든 것들은 모든 것과 연관되어 있으며, 아무리 혁신적인 창조물이라고 하더라도 그 이면을 자세히 살펴보면 그것이 부정하고자 했던 과거와의 상호 관련성을 찾을 수 있다. 전적으로 새로운 것이라는 환상은 절대적으로 독립된 개체라는 생각을 불어넣는다. 그러나 이 세상에 절대적으로 독립된 개체는 존재할 수 없다. 모든 텍스트는 해석이라는 그물망을 통과하지 않고서는 텍스트 자체로서 존립할 수조차 없다. 얼핏 보기에 완벽한 개체로 보이는 텍스트도 그 속에는 다양한 요소들이 서로 결합되어서 존재하는 것이다. 따라서 전적으로 새로운 것이라는 환상에 매혹되기보다는 전혀 다른 이질적 요소들의 병렬적 결합을 통해서 새로운 의미를 발생시키고자 하는 것이 포스트모더니즘의 주요한 이념이라고 할 수 있다.

차이의 수용과 다양성의 강조. 이러한 입장에서 볼 때 패러디는 포스트모더니즘이 지닌 이념적 경향에 잘 부합하는 기법이라고 할 수 있다. 사실 완벽한 예술적 가치를 지닌 독자적인 원본이라는 발상 또한 환상에 불과하다. 원본이 원본으로서의 가치를 대접받고 지배적인 위치를 차지하고 있는 것은 통시적인 의미에서 보자면 다양한 시대적 해석망을 통과하며 굴절과 변형을 거친 결과일 뿐이다. 그 자체로 완벽하게 독립적인 예술이란 존재하지 않는다.

그리고 패러디는 원본이 지닌 이러한 거짓된 신화의 허구성을 폭로하고자 한다. 원본을 둘러싸고 있으면서 원본의 권위를 지키고자 하는 지배적 담론들의 기반을 공격하고, 이러한 담론들이 지향하고 있는 공통의 목적을 분쇄하고자 한다.

사실, 패러디는 그 어떤 경우에도 스스로 원본이고자 하지 않는다는 점에서 다른 예술적 운동과는 차별성을 갖는다. 패러디는 어디까지나 원본이라는 재료에 상당 부분을 의존할 수밖에 없는 불구적 운명을 태생적으로 지니고 있다. 그리고 이러한 불구적 운명은 자신을 낳아 준 원본의 권위에 대한 치명적인 훼손을 통해서만 극복 가능하다는 점에서 모순적이다. 패러디는 친부살해(혹은 친모살해)라는 숙명적 운명을 타고 났다는 점에서 오이디푸스(Oidipous, 그리스 신화에 나오는 영웅으로, 아버지를 죽이고 어머니와 결혼한다) 왕과 유사한 입장에 놓여 있다. 그러나 늙은 오이디푸스 왕이 자신의 운명을 저주하면서 황야를 떠돌아다니는 것과는 반대로, 패러디는 자신의 운명을 즐겁게 받아들인다. 패러디는 진지한 원본의 얼굴에 침을 뱉고 때로는 조소하면서 때로는 비웃으면서 원본의 얼굴을 일그러뜨린다. 따라서 패러디의 진정한 목표는 어디까지나 원본의 훼손에 있다고 할 수 있다.

흔히 패러디가 원본을 지나치게 훼손하고 작품 창작과 관련된 질적 저하의 문제를 초래할 수 있다고 우려하는 목소리가 있다. 오늘날의 경조 부박(輕佻浮薄, 말이나 행동이 신중하지 못함)한 문화 풍토를 확산시키고 인생과 우주에 대한 깊이 있는 성찰 없이 오로지 장난스러운 패러디들만이 난무하고 있다는 비난의 소리마저 들려온다. 그러나 그것은 패러디의 근본적인 성격을 무시하고 있는 것이다.

패러디는 원본을 절대적으로 훼손시킨다. 그리고 이러한 훼손을 통해서 자신의 생명과 에너지를 얻는다. 문제는 원본을 망가뜨리고자 하는 패러디에 있는 것이 아니다. 원본을 비판하는 척하면서도 사실상 원본의 권위에 기생하려는 패러디, 비판과 풍자를 표방하면서도 사실은 유희와 오락의 영역에만 안주하려는 패러디가 문제다. 패러디는 원본을 훼손시키고 원본의 권위를 무력화시킴으로써만 존립 가능하다.

2006 성균관대 정시 인문 |

제시문 (가)와 제시문 (나)를 고려하여 모조품 소비 현상의 문화적 함의를 논술하시오.

___

제시문 (가)
일찍이 '기술적 복제 시대의 예술 작품'이라는 저서 속에서 발터 벤야민(W. Benjamin ; 1892~1940)은 예술 작품이 바로 그 일회성(一回性)으로 인해 공간과 역사 속에 뿌리를 내리고 있다고 지적하면서 '비록 가까이 있는 것처럼 보여도 먼 곳에 있는' 유일무이한 '숨결(Aura)'이 깃든 것이 예술 작품이라고 정의했다. 그러나 기술 복제 시대에 이르러 '이곳에서 그리고 지금' 숨쉬는 진정성의 의미는 계속 퇴색되었으며, 아무 곳에서나 또 아무 때나 이루어지는 복제는 그저 '흔적(Spur)'만을 남길 뿐이라고 그는 지적했다. (이러한) '흔적'은 '숨결'과는 반대로 '멀리 있는 것처럼 보여도 실은 가까이 있는 환영(幻影)'일 뿐이라고 그는 덧붙였다.

그렇다면 '짝퉁의 시대'에는 살아 있는 '숨결' 대신에 죽은 '흔적'만이 남아 있는 것은 아닌지. 살아 숨쉬는 '원형'에 대한 갈증이나 갈망은 사라지고 너나 할 것 없이 진짜처럼 보이는 '짝퉁'으로 요란스럽게 온몸을 휘감고 있지는 않은지. 진짜와 가짜를 구별할 수 없도록 만들고 있는 이 디지털 시대에 인간의 원형과 그의 숨결마저도 사라지는 그러한 황량한 시대를 우리 모두 함께 보내고 있지는 않은지. 우리 모두 한번 돌이켜볼 때다.

제시문 (나)
주먹을 쥔 표범이 도약한다. 한쪽엔 또 다른 표범이 나동그라져 있다. 원조 푸마를 때려잡는 건 더 센 푸마가 아니라 '임마

(IMMA)'다. 홑겹 면티 하나가 시대를 담고 있다. 기존의 상표를 비튼 문양을 새겨 넣은 이름하여 '패러디 면티'다. 패러디된 상표는 높은 가격으로 일반의 접근을 제한하는 브랜드 권력을 조롱하며 새로운 대항적 이미지를 형성한다. '짝퉁'들의 이런 유쾌발랄한 반란은 최근 한국사회 패러디 문화가 지닌 폭발력과 변화무쌍함을 상징한다.

처음으로 인터넷 대량 거래를 시작했다는 한 업체는 첫 달에만 하루 4천여 장씩을 팔았다. 이후 후발 업체가 경쟁적으로 생기면서 한달 사이 동종업체수는 10배 이상으로 늘어났다. 인기 비결은 자명하다. 뒤틀리고 망가진 고가 브랜드가 '피식'대는 코웃음부터 통쾌한 폭소, 심지어 아랫배 뜨거워지는 애잔함까지 불러일으키기 때문이다.

아우라

독일의 철학자 발터 벤야민(Walter Benjamin)은 그의 유명한 논문 〈기술 복제 시대의 예술 작품〉에서 오늘날의 예술 작품을 구분하는 아주 중요한 기준을 발표한다. 벤야민의 주장에 따르면 예술 작품은 원본과 복사본의 위계 질서가 분명하게 드러나는 아우라 (Aura, 예술 작품에서 흉내낼 수 없는 고고한 분위기를 뜻하는 말)가 있는 예술과 원본과 복사본의 차이가 없는 아우라가 없는 예술로 분류할 수 있다.

미술 작품이나 음악 공연, 그리고 연극과 같은 예술들은 복제 기술의 발전에도 불구하고 원본이 지니는 고유의 가치와 일회적인 의미가 엄연히 존재하기 때문에 아우라(Aura ; 분위기)가 있는 예술이 된다. 그러나 기술 복제 시대의 예술 작품인 사진, 영화, 애니메이션 등은 사실상 원본과 복제품의 차이가 전혀 없기 때문에 아우라가 없는 예술이 되는 것이다. 여기서 아우라는 원본이 지닌 일회적이며 독자적인 가치를 의미한다.

예를 들어서 영화 예술의 경우 할리우드 영화관에서 상영하는 것이나 한국의 일반 영화관에서 상영하는 것이나 작품의 질에 있어서 아무런 차이가 없다. 이러한 아우라가 없는 예술들은 현대 예술의 주조를 이룸과 동시에 예술의 대중화, 민주화에 기여하는 긍정적인 측면이 있다. 반대로 연극의 경우에는 아무리 똑같은 내용과 동일한 배우의 동일한 연기에 의존한다고 하더라도 매 공연이 다를 수밖에 없기 때문에 원본만의 일회적인 아우라가 성립되게 된다.

벤야민은 자신의 논문에서 아우라가 없는 새로운 시대의 예술을 찬양한 바 있지만, 아우라가 있는 예술들이 완전히 소멸된 것은 아니다. 기술 복제와 문화 산업, 그리고 예술의 상업화가 맞물리면서 일반적으로 아우라가 없는 예술들은 주로 대중문화 쪽에 위치하게 되며 아우라가 있는 예술들은 고급문화 쪽에 위치하는 경향이 있다.

한국의 교양을 읽는다 3 - 문화편

지은이 | 이상준

1판 1쇄 발행일 2006년 11월 13일
1판 4쇄 발행일 2011년 4월 18일

발행인 | 김학원
편집인 | 선완규
경영인 | 이상용
편집장 | 위원석 정미영 최세정 황서현
기획 | 나희영 임은선 박인철 김은영 박정선 김희은 김서연 정다이
디자인 | 김태형 유주현
마케팅 | 이한주 하석진 김창규
저자 · 독자 서비스 | 조다영 함주미(humanist@humanistbooks.com)
스캔 · 표지 출력 | 이희수 com.
조판 | 새일기획
용지 | 화인페이퍼
인쇄 | 청아문화사
제본 | 정민제본

발행처 | (주)휴머니스트 출판그룹
출판등록 제313-2007-000007호(2007년 1월 5일)
주소 | (121-894) 서울시 마포구 서교동 378-8, 9호 동현빌딩 3층
전화 | 02-335-4422 팩스 | 02-334-3427
홈페이지 | www.humanistbooks.com

ⓒ 이상준 2006
ISBN 978-89-5862-142-3   03100

만든 사람들

기획 위원 | 강호영 김보일 우한기 이상준
책임 기획 | 황서현(hsh2001@humanistbooks.com) 이재민 유은경
책임 편집 | 강봉구
표지 · 본문 디자인 | AGI 윤현이 최지섭 신경숙